www.tredition.de

AF217616

Forschungsergebnisse aus den unterschiedlichen Wissenschaftsdisziplinen lassen einen neuen Blick auf die Menschheitsgeschichte zu.

Wie haben wir früher zusammen gelebt?

Was hat sich wann, warum, wie verändert?

Was brauchen wir Menschen, um friedlich miteinander leben zu können?

Wie können wir aus wissenschaftlichen Erkenntnissen neue Modelle des Zusammenlebens entwickeln, die auch die Erde retten?

In diesem Buch finden Sie das Elementarwissen der Menschheitsgeschichte, das die Grundlage bieten kann für einen positiven Wandel der Gesellschaften in der Welt.

Karin Werner

Die Zukunft kann wieder weiblich werden ...

Elementarwissen für einen positiven Wandel der Gesellschaften in der Welt

Illustrationen Wiltrud Wagner

www.tredition.de

www.tredition.de

© 2020 Karin Werner

Verlag und Druck: tredition GmbH, Halenreie 40-44, 22359 Hamburg

ISBN
Paperback: 978-3-347-07938-0
Hardcover: 978-3-347-07939-7
e-Book: 978-3-347-07940-3

Für
Greta Thunberg
und
die jüngeren Generationen

„Wir gehören zu einer der ersten Generationen in der Geschichte der Menschheit, die ihr Leben wirklich selbst beeinflussen können."
Petra Bock

Inhalt
Die vier sozialen Systeme der Menschheit – und jetzt?

(Die Zitate sind kursiv geschrieben)

Vorwort

Die vier sozialen Systeme der Menschheit – und jetzt?

Die meisten Menschen auf der Welt sind betroffen und ratlos über den Zustand der Erde. Informationen darüber gehen weltweit täglich durch die Medien.

Eine junge Schwedin, Greta Thunberg, 17 Jahre alt, schwänzt freitags die Schule und demonstriert seit dem 20.08.2018 für eine bessere Umwelt. „fridays for future".

Sie gewinnt Medienaufmerksamkeit und löst eine weltweite Bewegung aus. In einer Rede, die um die Welt geht, sagt sie unter anderem:

„Und wenn es so unmöglich ist, in diesem System Lösungen zu finden, dann sollten wir vielleicht das System ändern." Rede in Kattowitz bei der 24. UN-Klimakonferenz im Dezember 2018

Dieser Satz hat mich inspiriert, meine Fragen zum gelingenden Leben mit der Idee der sozialen Systeme, in denen Menschen lebten und leben, zu verbinden und mich zu fragen – was war und ist gelingendes Leben?

Welche sozialen Systeme gab und gibt es? Finden sich dort Anregungen für eine bessere Welt?

Warum haben wir heute die Probleme wie Klimakrise, Armut und Kriege? Wie gelingt Frieden?

Was brauchen wir Menschen für ein gelingendes Leben?

Um Antworten zu finden, habe ich die wissenschaftlichen Bereiche der Archäologie, Anthropologie, Ethnologie, Neurowissenschaften, Matriarchatsforschung sowie der Psychologie und Soziologie durchforstet.

Was ich gefunden habe, hat mich bestürzt, irritiert, erstaunt und hoffnungsvoll gemacht.

Ich möchte Ihnen hier meine Erkenntnisse in konzentrierter Form darstellen. Wenn Sie auf Aspekte neugierig werden, sind die angegebenen Quellen für eine Vertiefung hilfreich.

Mein Fazit aus meinen Studien ist: die Frauen der Welt sind jetzt gefragt und gefordert! Wenn Frauen sich wieder zusammenschließen, verändert sich die Welt.

„Umeinander kümmern und miteinander teilen"

– das können Frauen – und können mit dieser Haltung die Welt besser machen, gelingendes Leben ermöglichen. Dazu leiste ich einen Beitrag – mit diesem Buch.

Lübeck, im Juni 2020   Karin Werner

Zeitabfolge:

Seit 2,7 Millionen Jahren gibt es uns Menschen;

seit 200.000 Jahren in der jetzigen genetischen Verfassung.

190.000 Jahre davon lebten Männer und Frauen **gleichwertig** in **Gruppen** mit höchstens 150 Menschen zusammen. Wollte ein aggressiver Mann die Gruppe mit Gewalt beherrschen, wurde er aus der Gemeinschaft ausgeschlossen oder von den anderen Männern der Gruppe getötet.

Vor 10.000 Jahren haben Frauen das Säen von Samen entdeckt und damit den Ackerbau erfunden. Dies ermöglichte die **Sesshaftigkeit** der Gruppen und **Matriarchate** entstanden. Die Beziehungen untereinander waren weiterhin gleichwertig. Die Welt war damit friedlich. Dies hielt ca. 7.500 Jahre lang an – und damit herrschte Frieden insgesamt 197.500 Jahre lang.

Vor 6000 Jahren gab es **Umweltkatastrophen** gigantischen Ausmaßes. Ehemals fruchtbare Gebiete in Nordafrika, im Nahen Osten und in Zentralasien entwickelten sich zu Wüsten.

Menschliche Gewalttätigkeiten in Form von Kriegen entstanden und bildeten die Grundlagen für das Patriarchat. Die sesshaften, matriarchalen Gesellschaften wurden zerstört.

Somit wurde erst vor **4.500 Jahren die Ungleichwertigkeit der Menschen zur Weltordnung.**

Schließlich entstand vor 200 Jahren die **Kleinfamilie** durch die Industrialisierung.

I. Wo kommen wir her?

1. System: Mutterzentrierte Gesellschaften

Was sagt die Matriarchatsforscherin Heide Göttner-Abendroth?

Heide Göttner-Abendroth gilt als Begründerin der modernen Matriarchatsforschung, die sie vor 40 Jahren auf ein wissenschaftliches Fundament stellte. In ihrem 2019 erschienen Buch „Geschichte matriarchaler Gesellschaften und Entstehung des Patriarchats" beschreibt sie unter anderem die Entstehung mutterzentrierter Gesellschaften, die ich im Folgenden nach ihren Ausführungen beschreibe.

Seit 200.000 Jahren gibt es uns als anatomisch moderne Menschen – „Homo sapiens sapiens" oder auch Cro-Magnon Menschen genannt. Die Cro-Magnon Menschen glichen uns in den körperlichen Merkmalen und waren ebenso begabt und intelligent wie wir heute. Sie mussten „nur" all die Dinge erfinden, die für uns heute selbstverständlich sind.

Klima: Die jüngste Eiszeit begann vor etwa 2.7 Mio. Jahren und endete vor etwa 11.000 Jahren. Eisschilde, die Nordeuropa und Nordasien bedeckten, verschoben die gemäßigte Klimazone weit nach Süden. Afrika war durch genügend Regen ein vegetationsreicher Kontinent. Hier entwickelte sich der Homo sapiens sapiens.

Die Altsteinzeit wird folgendermaßen eingeteilt:

2.7 Mio. Jahre – 300.000 Jahre v.u.Z.	Ältere Steinzeit: Homo habilis, Homo erectus u.a.
300.000 Jahre – 38.000 Jahre v.u.Z.	Mittlere Altsteinzeit: Homo sapiens neanderthalensis

200.000 Jahre – 10.000 Jahre v.u.Z.:   Jüngere   Altsteinzeit:
Homo sapiens sapiens

(v.u.Z. = vor unserer Zeitrechnung dient der Jahreszählung mit Bezug
auf die Geburt Jesu Christi ohne den christlichen Bezug zum Ausdruck
zu bringen.)

Auf der ökonomischen Ebene entwickelte sich unter den Menschen
das Sammeln und Haltbarmachen von **Pflanzen und Kleintieren.** Es war
und blieb die Basis der Ernährung der Menschen bis heute. Das Sammeln von Pflanzen machte 60-70 Prozent der Grundnahrung aus.

„Die Pflanzennahrung bestand aus Blättern, Stängeln und Sprossen,
Wurzeln und Zwiebeln, Früchten, Beeren und Wildgemüse, Samen und
Nüssen und war damit äußerst vielfältig. Hinzu kamen sammelbare
Kleintiere wie Insekten, Frösche, Eidechsen, Schildkröten, auch Vogeleier
und Honig, und Frauen wie Männer dieser frühen Menschengruppen
sammelten sie gemeinsam." 3

Die **Jagd**erfolge hingen zu allen Zeiten der Altsteinzeit vom Zufall ab.
Mittlerweile ist es erwiesen, dass Männer wie Frauen zur Jagd gingen.

Die Frauen entwickelten ein **reiches Wissen über die Pflanzenwelt.** *„Sie*
erfanden die wichtige **Kunst des Haltbarmachens von Pflanzen** *durch*
Trocknen, Räuchern, Rösten und Einfrieren und das Anlegen von Vorrä-
ten für den Winter." 4 *(Hervorhebung K.W.)*

Weibliche Erfindungen waren **Netze und Körbe**, um das Sammelgut zu
transportieren, ebenso wie die Herstellung von **Schlingen und Riemen**,
um die kleinsten Kinder bei sich zu tragen. Weiterhin hüteten sie das
Feuer.

„So bestand die erste lebensnotwendige Kunst der Frauen darin, in den
Höhlen und in den Zelten und Hütten der Freilandlager das **Feuer** *zu*

hüten. Vermutlich waren es vor 1 Mio. Jahren die Frauen, die das Feuer zähmten, indem sie kleine Glutstücke in Behältern mitnahmen, um es im Lager durch Anblasen wieder zu erwecken." 5

*„An der Feuerstelle sind von den Frauen die **Künste der Nahrungszubereitung** erfunden worden, das Braten, Grillen, Garen und das Herstellen von Vorräten. Hierher gehört auch das **Sammeln und Kochen von Heilkräutern**, ein uraltes Wissen, das von den Frauen erworben wurde und in ihren Händen lag. Auch das hatte mit ihren Aufgaben als Müttern zu tun, dem Erhalt der Gesundheit der Kinder sowie ihrer eigenen während Schwangerschaft und Geburt. So wurden sie zu den ersten Heilerinnen."*
6 *(Hervorhebung K.W.)*

Eine weitere lebensnotwendige Erfindung war **Kleidung**, die Frauen aus Fellen, Häuten und Pflanzenfasern herstellten. Jede Gruppe entwickelte die für sie notwenigen Werkzeuge selbst. Auch der **Bau von Hütten und Zelten, Windschirmen und Dächern** war Sache der Frauen.

Die Frauen hatten in der Altsteinzeit eine große ökonomische Bedeutung. Sie waren praktisch Selbstversorgerinnen und damit unabhängig von den Männern. Eher waren wahrscheinlich die Männer auf die Künste der Frauen angewiesen.

Grundsätzlich bestand in der Altsteinzeit eine Gemeinschaftsökonomie und keine individuelle Wirtschaftsweise wie bei uns heute in der Kleinfamilie.

Auf der sozialen Ebene war die altsteinzeitliche Gesellschaft gleichwertig.

*„Die deutlichsten Belege für die Egalität (Gleichwertigkeit) der Geschlechter liefern die **Gräber** aus der Altsteinzeit (z.B. La Ferrassie in Frankreich und Es-Skhul im Karmel-Gebirge in Palästina/Israel). Die*

Toten wurden gleichmäßig z.B. mit Schmuck aus Muscheln, Schnecken-häusern und Tierzähnen ausgestattet." 7

Es gab auch eine gleichwertige Wohnweise in den **Behausungen.** *„Es gibt aus der Altsteinzeit ein Beispiel von mehreren Zeltstellplätzen, wo-bei das Innere der Zelte in zwei völlig gleiche Seiten, die weibliche und die männliche, aufgeteilt war. In der einen Hälfte fand man männliche Gerätschaften und in der anderen weibliche Gerätschaften einschließ-lich Frauenstatuetten. Frauen und Männer saßen also bei den gemein-samen Zusammenkünften in getrennten Hälften, was man auch für paläolithische (altsteinzeitliche) Lager in anderen Gebieten annimmt. Diese Sitzordnung stimmt mit den heutigen Gebräuchen in mongoli-schen Jurten und in den Zelten der Tuareg überein; sie hat sich bis in die großen Clanhäuser erhalten, wie bei gegenwärtigen, matriarchalen Ackerbaugesellschaften, z.B. den Mosuo in Südwestchina, zu sehen ist."* 7

Die elementare soziale Form ist in allen Gesellschaften die Mutter-Kind-Gruppe. Sie entsteht durch Geburt und eine jahrelange Pflegephase. Aus der Mutter-Kind-Gruppe entwickelte sich die soziale Intelligenz der Frauen, die Grundlage der Gemeinschaft wurde.

Frauenverbindungen stellten eine dauerhafte Sozialform dar, die durch ein gemeinsames Wissen eine **starke Solidarität unter Frauen** bewirkte. Sie beinhalteten die Geburtshilfe, die Mitbetreuung der Kinder sowie die Regelung der sozialen Angelegenheiten der gesamten Gruppe.

Die zentrale Stellung der Frauen in der sozialen Organisation, der Grup-pe oder dem Clan geht damit weit über das Behausen, Beköstigen und Bekleiden hinaus. Die Frauen bildeten den stabilen Kern der gesamten Gesellschaft. **Sie garantierten durch ihre soziale Intelligenz deren Zu-sammenhalt. Frauen achteten auf das Teilen von Nahrung und Behau-sung, damit alle gut versorgt waren.**

Aus der vertrauten Intimität zwischen Mutter und Kind entwickelte sich die früheste Sprache: *„Das zärtliche Lallen, das einlullende Singen, der warnende Zuruf bei Gefahr für das Kind, und zunehmend bildeten sich auf diese Weise artikulierte Silben und Wörter. Die Kinder ahmten es nach, wodurch ihre Sprachfähigkeit sich in jeder Generation steigerte. Es ist die „Muttersprache", die auf diese Weise entstand, denn jedes Kind lernt zu allen Zeiten die Sprache von der Mutter."* 8

Die Liebesbeziehungen zwischen Frauen und Männern waren offen und konnten wechseln.

„Männliche Personen können als ältere Söhne oder Liebhaber in den Hütten der Frauen gewohnt haben, aber sie sind hier Helfer oder Gäste statt Besitzer." 9

Die altsteinzeitlichen Menschen waren immer mobil. Sie wechselten die Orte teils nach Jahreszeiten, teils für neue Sammel- und Jagdgründe. Besondere Steine und Objekte nahmen sie mit und nutzten sie als Geschenke bei zufälligen oder regelmäßigen Zusammentreffen mit anderen Gruppen. So wurde Frieden gesichert und etwaiger Streit frühzeitig beigelegt.

Auf der Ebene der Kultur und Religion besaß die altsteinzeitliche Gesellschaft eine umfassende Wiedergeburtsreligion. Die Erde wurde als Urmutter angesehen. Die Frau stand als ihr Abbild im Zentrum. Das immer wiederkehrende Leben von Pflanzen, Tieren und Menschen sowie die Wiederkehr von Sonne, Mond und Sternen wurde verehrt. Aufgrund dieser Wiedergeburtsreligion bezeichnet Heide Göttner-Abendroth diese Gesellschaften als <u>mutterzentriert</u>.

Zusammenfassung:

Die altsteinzeitliche Gesellschaft war gleichwertig bezüglich des Zusammenlebens von Frauen und Männern und Männern untereinander von 200.000 bis 10.000 Jahren v.u.Z.

Auf der **ökonomischen Ebene** entwickelte sich eine Sammel- und Jagd-Ökonomie und auf der **sozialen Ebene** eine mutterzentrierte Altersklassengesellschaft ohne Verwandtschafts-Beziehungen.

Auf der **Ebene der Kultur und Religion** glaubten die Menschen an die Wiedergeburt alles Lebendigen.

Noch heute nach altsteinzeitlicher Art lebende Völker: Die Pygmäen und die San

Die **Pygmäen** leben im Urwald Zentralafrikas. Bei ihnen gilt: Zur Gruppe gehört, wer gerade anwesend ist. Die Gruppe gilt als „**Familie**", was nichts mit Blutsverwandtschaft zu tun hat. In jeder Altersgruppe benennen sich die Personen untereinander als „**Schwestern**" und „**Brüder**", was eine Zugehörigkeit zu Personen ähnlichen Alters bedeutet. „*Auf dieselbe Weise sind alle Frauen mit Kindern kollektiv „**Mütter**", und die Gruppe der älteren Frauen, die den Müttern hilft, heißt kollektiv „**Großmütter**".* 10

„*Die Gruppen der **San** und **Pygmäen** gliedern sich deshalb in Altersklassen: die Kinder, die Jugendlichen, die Erwachsenen und die Ältesten. Eine Vorstellung von Blutsverwandtschaft fehlt, deshalb ist nicht die Genealogie (der Stammbaum), sondern die Mitgliedschaft zur Gruppe und dort zur jeweiligen Altersklasse das ordnende Prinzip der Gesellschaft.*" 10

Ähnlich leben die **San** in der Kalahari-Wüste in Gruppen von ein paar Dutzend Personen zusammen. Sie haben kein Oberhaupt. Ältere Frauen und Männer genießen große Achtung auf Grund ihrer Erfahrung. Sie haben eine gleichwertige Gesellschaft. Die Gruppen sind durchlässig; Einzelne wechseln hin und her. Wenn bei den San eine Frau einen Mann gewählt hat, schließt sich der Mann ihrer Gruppe an und hilft dort mit. Die Frauen sind autonom und achten auf das gerechte Teilen der Nahrung.

Jegliche Angeberei und Gewalt zwischen Personen wird abgelehnt, ebenso jedes Konkurrenzgehabe unter den San-Männern. Verpönt sind offen gezeigter Ärger sowie Versuche, höheren Status und materiellen Besitz zu erlangen. In den kleinen Gruppen der San-Gesellschaft fällt dies sofort auf und führt zum Ausschluss aus der Gruppe.

Was sagt der Anthropologe Richard Wrangham?

Hinsichtlich der Gleichwertigkeit der Menschen untereinander sind die Arbeiten von Richard Wrangham, einem britischen Anthropologen, interessant. Er ging der Frage nach, wie Naturvölker in ihrer Gemeinschaft heute mit einem aggressiven Mitglied, welches mit Gewalt herrschen will, umgehen.

Die Antwort war eindeutig und unumstößlich: der Gewalttäter wird getötet.

Die Männer des Stammes treffen gemeinsam die Entscheidung zur Exekution (Hinrichtung) und führen sie auch gemeinsam aus. Diese Maßnahme sichert der Gemeinschaft des Volkes die Gleichwertigkeit der in ihr lebenden Menschen. Gewalttätige Herrschaftsverhältnisse und Hierarchien etablieren sich nicht.

In seinem Buch „Die Zähmung des Menschen. Warum Gewalt uns friedlicher macht" von 2019 unterscheidet Richard Wrangham zwischen **reaktiver und aktiver Aggression.**

„Reaktive Aggression könnte man als „heißblütig" bezeichnen, man verliert die Kontrolle und schlägt zu. **Aktive Aggression** ist dagegen „kaltblütig", sie wird bewusst und geplant ausgeführt."* 12

„Reaktive Aggression lässt sich als Versagen der Kontrolle über Emotionen wie Angst oder Wut verstehen." 13

„Im Unterschied zu reaktiv aggressiven Impulsivtätern sind **Psychopathen** *eher aktiv aggressiv."* 14

„Psychopathen gibt es in aller Welt. So wirken sie zum Beispiel oberflächlich charmant, sie lügen häufig, wechseln oft ihre Sexualpartner und sind schnell gelangweilt. Für die Gedanken und Gefühle anderer sind sie unempfänglich. Ihr Selbstvertrauen wirkt auf andere attraktiv. Sie sind **bereit, sich das zu nehmen, was sie wollen, egal mit welchen Mitteln.** *Psychopathen sind also egozentrische und gefühllose Menschen mit eingeschränktem moralischem Urteilsvermögen. Es ist nicht verwunderlich, dass sie eher zu Verbrechen neigen und dass es sich überwiegend um Männer handelt.*

Eine in Großbritannien durchgeführte Untersuchung fand in **weniger als einem Prozent der Bevölkerung** *Symptome der Psychopathie, und dieser Anteil ist vermutlich im Rest der Welt ähnlich."* 15

Wie kam nach Ansicht von Wranghams der Frieden in die Welt - während der Altsteinzeit vor 300.000 Jahren bis zu 10.000 Jahren v.u.Z.?

„Verglichen mit Wildtieren sind wir ruhig und eher mit Hunden als mit Wölfen zu vergleichen. Wir können einander in die Augen sehen. Wir verlieren weniger leicht die Beherrschung. In der Regel haben wir unsere aggressiven Impulse im Griff. Bei Primaten ist einer der stärksten Auslöser der Aggression die Anwesenheit eines Fremden.

Der Kinderpsychologe Jerome Kagan, der Hunderte Begegnungen zwischen Zweijährigen beobachtet hat, die einander nicht kannten, hat es

*nie erlebt, dass ein Kind das andere geschlagen hätte. Diese **Bereit-**
schaft zum friedlichen Umgang mit anderen, selbst mit Fremden, ist
uns angeboren."* 16

Die Friedfertigkeit des Menschen entwickelte sich nach Wrangham aus
der Sprachbegabung des Homo Sapiens. Kommunikation, Bündnisse
verabreden und Taten planen waren für ihn sinnhaft und mit Sprache
deutlich leichter – körperliche Gewalt und Durchsetzungsfähigkeit un-
willkommen. Das Problem mit dem einzelnen, dominanten Aggressor,
der gewalttätig herrschen wollte, war nicht gemeinschaftsförderlich
und wurde eindeutig und gemeinschaftlich gelöst. *„In einer Welt ohne
Gefängnisse und Polizei konnten rücksichtslose Egoisten, die sich durch
ein Übermaß an reaktiver Aggression hervortaten, nur gestoppt werden, indem man sie tötete".*17

Das muss einer der ersten, entscheidenden Schritte zur Entwicklung
von kooperativen Verhaltensweisen gewesen sein. Männer schlossen
sich zu Bündnissen zusammen, um jeden Gruppenangehörigen aufzuhalten, der seine egoistischen Ziele mit Gewalt durchsetzen wollte und
so das Wohl und Überleben der Gemeinschaft gefährdete.

*„Erst Menschen waren fähig, sich zusammenzuhocken und zu flüstern:
Lasst uns an dem großen Stein treffen, ihn überfallen und töten."* 18

Mit dieser Form der negativen Auslese gelang es, übermäßige Aggression unter Kontrolle zu bringen und das Überleben der Gruppe als Ganzes zu sichern.

Der Mensch domestizierte sich damit selbst. Es entwickelte sich ein
friedliches und tolerantes Miteinander als Fundament und wesentliche
Voraussetzung für komplexe Kooperation und soziales Lernen.

Drei Eigenschaften zeichneten ab diesem Entwicklungssprung den Homo Sapiens aus:

- hochgradige Intelligenz
- hochgradige Kooperation

- außergewöhnlich gute Fähigkeit, von Anderen zu lernen, das „soziale Lernen".

Die Verankerung der Eigenschaften im gemeinschaftlichen Leben verstärkte die soziale Toleranz für die Verschiedenheiten untereinander.

Die Domestizierung des Menschen über die Jahrtausende lässt sich nach Wrangham in physischen Veränderungen belegen:

1. *„Domestizierte Arten sind kleiner als ihre wilden Vorfahren."* [19] *„Die Reduzierung der Körpergröße geht mit einer relativen Verschlankung der Knochen einher. Der Mensch wurde feingliedriger und weniger robust."* [20]

2. Gesichter sowie Kiefer und Zähne verkleinerten sich.

3. *„Männer haben sich nicht nur hinsichtlich der Körpergröße den Frauen angenähert, sondern auch hinsichtlich der Größe des Gesichts, der Länge der Eckzähne, der Kaufläche der Backenzähne und der Größe der Kiefer. Die einsetzende Feminisierung der männlichen Gesichter ist ab 200.000 Jahren vor u.Z. zu beobachten.*

4. *Schließlich haben domestizierte Arten ein kleines Gehirn. Dies geht erstaunlicherweise nicht mit einem entsprechenden Verlust an kognitiven Fähigkeiten einher. Im Gegenteil, die kleineren Gehirne sind leistungsfähiger als die größeren Gehirne der Vorfahren."* [21]

Mein Fazit:

In mutterzentrierten Gesellschaften setzten die Menschen nach gemeinsamem Beschluss aktiv planend Aggression gezielt **innerhalb** der Gruppe ein, um reaktiv aggressive Männer auszuschalten. Damit wurde die Gleichwertigkeit der Mitglieder gesichert; das Wohl und Überleben der Gruppe als Ganzes.

Die Fähigkeit zur Kooperation und sozialer Toleranz wurde gefestigt und weiterentwickelt. Aggression und Gewalt gegen Mitglieder der Gemeinschaft war ansonsten nicht notwendig.

Das Patriarchat entstand mit aggressiven Männern, die aktiv planend ihre Aggressionen auf **andere** Gemeinschaften richteten, um hier zu erobern, zu plündern und zu unterwerfen. Dazu später mehr.

Was sagt der Anthropologe Robin Dunbar?

Auch die Forschungen von Robin Dunbar, einem britischen Anthropologen, sind in diesem Zusammenhang interessant. Er hat herausgefunden, dass **sozial gut funktionierende Gruppen** nie größer waren als **150 Menschen.** Wir Menschen mit einem Gehirn von 1,3 kg können

- 10 bis 15 Menschen lieben: unsere Familie und Freunde;
- 30 bis 50 Menschen mögen: die Nachbarin, die Friseurin, einige Kolleginnen.
- 150 Menschen können wir uns zugehörig fühlen: das kann heute eine Arbeitsgruppe, ein Sportverein oder eine Nachbarschaftsgruppe sein.

Mehr kann unser Gehirn nicht erfassen. Gesellschaften, in der alle Mitglieder über diese Fülle an menschlichen Beziehungen verfügten, wären sehr stabil. Werden sie größer, verliert sich die Stabilität, da die gegenseitige Kontrolle fehlt.

Gemeinschaften von maximal 150 Menschen kontrollieren sich selbst. Verstößt jemand gegen gemeinschaftliche Regeln, fällt er schnell auf und wird bestraft – es wirkt die persönliche Scham.

„Heutige Umweltausbeutung findet auf dem Meer, am Himmel, in Flüssen und Wäldern statt, weil diese allen und niemandem gehören. Geset-

ze und Kontrollen funktionieren nicht ausreichend: Es fehlt die selbst-
kontrollierende persönliche Scham der sozialen Gruppe." 22

Was sagen die Neurowissenschaftler?

1990 wurde der Begriff der **„Emotionalen Intelligenz"** in die neurowis-
senschaftliche Diskussion von den Psychologen John D. Mayer von der
University of New Hampshire und Peter Salovey von der Yale University
eingeführt. Darunter wird die Fähigkeit verstanden, eigene und fremde
Gefühle wahrzunehmen, zu verstehen und zu beeinflussen. Haupt-
merkmal der emotionalen Intelligenz ist das Einfühlungsvermögen. Als
weiterer Begriff wird **„Soziale Intelligenz"** – oder auch **Sozialkompe-
tenz** – genannt.

*„Wenn Intelligenz heißt, ein Problem in seinem **Gesamtzusammenhang***
zu erfassen und mit den vorhandenen Ressourcen (inklusive Vernet-
***zung mit der Umgebung) lebensnah zu managen,** so sind sicherlich*
Frauen statistisch gesehen „intelligenter".

*Wenn hingegen Intelligenz heißt, möglichst **fokussiert ein Detailprob-***
lem abstrakt zu lösen und alles andere und alle anderen auszuklam-
***mern und wegzublenden,** so sind wohl Männer „intelligenter".* 23

„Die bahnbrechende Arbeit schlechthin bezüglich Hirnstruktur, Denk-
muster und Intelligenz der Geschlechter ist dem Psychiater Richard J.
Haier und Kollegen von der University of California in Irvine im Jahr
2005 gelungen. Die Studie ist zu Recht eine der meistzitierten in ihrem
Gebiet." 24

Die Wissenschaftler untersuchten das geschlechterspezifische Zusam-
menspiel verschiedener Gehirnareale im Zusammenhang mit Intelligenz
bei Problemlösungen.

Sie fanden heraus, dass bei **Frauen** Gehirnaktivität hauptsächlich in der weißen Substanz messbar ist. Diese ist für die Vernetzung der Hirnareale verantwortlich. Daraus folgerten sie, dass Frauen eher assoziativ-vernetzt denken. Gestellte Aufgaben scheinen Frauen enger mit Emotionen, Assoziationen und Formulierungen zu verknüpfen. Frauen nehmen eine ihnen gestellte Aufgabe eher persönlich und beziehen ihre Erfahrungen mit ein.

Wenn **Männer** die gleiche Problemstellung bearbeiten, ist hauptsächlich graue Substanz aktiviert – Nervenkerngebiete, welches für fokussiert-analytisches, lineares Denken mit wenig Vernetzung spricht. *„Männer bleiben eher auf die Problemlösung fokussiert. Im Gehirn agieren sie wie mit Scheuklappen und „schauen" weder links noch rechts."* [24] Sie gehen eine Aufgabe eher distanzierter an.

„Eine Reihe von Arbeitsgruppen auf der ganzen Welt hat in der Folge – teilweise mit ganz anderer Methodik – die Resultate von Richard Haier bestätigt: Männer und Frauen greifen bei der Intelligenz tatsächlich auf verschiedene Hirnareale zurück." [24]

Mein Fazit:

Wenn Frauen emotional und sozial intelligenter sind als Männer, die eher Detailprobleme abstrakt lösen, wird nachvollziehbar, warum Frauen in den mutterzentrierten Gesellschaften das soziale Zentrum der Gemeinschaft bildeten und das soziale Netzwerk aufrecht erhielten und pflegten.

2. System: Matriarchale Gesellschaften

Die Definition des Begriffs „Matriarchat"

Heide Göttner-Abendroth ist die Begründerin der modernen Matriarchatsforschung. Sie betont, dass das griechische Wort „arche" sowohl „Herrschaft" als auch „Anfang, Beginn, Ursprung" bedeutet. Das ist ein wichtiger Unterschied. So ist „Archäologie" die „Lehre von den Anfängen der Kultur" und nicht die „Lehre von der Herrschaft der Kultur". Die „Arche Noah" bezieht sich gemäß der Bibel auf den neuen Anfang der Menschheit nach der Sintflut und nicht etwa auf „Noahs Herrschaft".

Im Rahmen kultureller Wortverwendung wurde das Wort „arche" später mit der Bedeutung „Herrschaft" verwendet. Deshalb wird Patriarchat mit „Herrschaft der Väter" oder „Männerherrschaft" übersetzt. Heide Göttner-Abendroth übersetzt deshalb das Wort „Matriarchat" mit „am Anfang die Mütter".

Matriarchale Gesellschaften sind nicht das Spiegelbild patriarchaler Gesellschaften. Sie sind eine Gesellschaftsform mit völlig anderen Mustern. Sie bestanden sehr lange in der frühen Kulturgeschichte. Deshalb ist es falsch, „Matriarchat" mit „Herrschaft der Mütter" bzw. „Frauenherrschaft" zu übersetzen. Die Übersetzung „am Anfang die Mütter" trifft hier den Kern der Gesellschaftsform präziser.

Die Grundlagen des Matriarchats

Die matriarchale Gesellschaftsform wird von Frauen getragen und von mütterlichen Werten geprägt. Das Prinzip der Mutter mit ihren Eigenschaften bildet das Zentrum: Grundlegendes Wohlwollen füreinander und gleiche Verteilung des Besitzes. Alle sind versorgt, beschützt und genährt. Egozentrik und ausgeprägte Aggressionen haben keinen Platz.

1. Ökonomisch stellen Matriarchate Ausgleichsgesellschaften dar. Die Werte des Nährens und Pflegens von allen Mitgliedern der Gesellschaft stehen im Mittelpunkt.

Die Frauen verwalten die lebensnotwendigen Güter wie Land, Häuser und Nahrungsmittel. Durch gleichmäßige Verteilung sorgen sie ständig für ökonomischen Ausgleich in Sinne der „Ökonomie des Schenkens". Es wird individuell nichts an materiellen Gütern angesammelt und gehortet. Es gibt kein Privateigentum, dafür allgemeinen Wohlstand für alle in der Gemeinschaft. Über das Clanvermögen und die Ausgaben des Einzelnen wird gemeinschaftlich entschieden.

Vererbt wird das Clanvermögen von der Mutter auf die Tochter, häufig die jüngste Tochter. Diese ist als Nachfolgerin wieder für die Verwaltung und Verteilung zuständig.

In Matriarchaten wird viel gefeiert. Wer den größten Wohlstand durch gute Ernten oder Handel besitzt, hat die Ehre, das ganze Dorf einladen zu dürfen und zu können. Beim nächsten Fest wird wieder geschaut, wer am meisten zu geben hat. So entwickelt sich mit dieser Geschenkkultur ein Ausgleichssystem, das garantiert, dass alle im gleichen Wohlstand leben und jeder versorgt ist.

2. Sozial bilden die Frauen die Mitte der Gesellschaft. Die Männer wirken als die politischen Vertreter des Clans nach außen. Die Aktionssphären von Frauen und Männern sind im Matriarchat verschieden, gleichwertig und aufeinander bezogen.

Grundlagen sind die Werte des Ausgleichs und der Harmonie zwischen den Geschlechtern und der Balance zwischen den verschiedenen Teilen der Gesellschaft.

Ein weiterer wichtiger Wertebaustein im Matriarchat ist die Friedenssicherung durch Kommunikation miteinander, dem Verhandeln bei Krisen unter Vermeidung von verbaler und körperlicher Gewalt.

Es besteht eine matrilineare Verwandtschaftsgesellschaft. Die Verwandtschaft entwickelt sich in der Mutterlinie (Matrilinearität) und der Wohnsitz ist bei der Mutter (Matrilokalität). Vaterschaft spielt eine untergeordnete Rolle.

Innerhalb des Clans gibt es keine sexuellen Beziehungen. Der Geliebte besucht „seine Liebste" im anderen Clan, bleibt über Nacht und geht am nächsten Morgen wieder in seinen Clan. Oder er bleibt für eine Zeit im Clan der Frau als Gast.

Die Liebesbeziehungen finden so unter einem besonderen Schutz, fern des Alltags, statt. Es besteht auf beiden Seiten freie Wahl der Liebschaft, unabhängig vom Clan und frei von materieller Sorge. Die Beziehungen dauern so lange, wie sie dauern.

So hat jeder Mensch, ob Mann oder Frau, seinen stabilen Clan, ein Leben lang. Dieser bietet dauerhaft soziale und materielle Sicherheit unabhängig von der Liebesbeziehung.

Bei den Mosuo in Süd-China hängt der Mann, wenn er seine Freundin besucht, vor ihrer Tür seinen Hut an einen Haken. Da weiß jeder, sie hat Besuch. Wenn der Partner wechselt, ist es lediglich ein **„Hutwechsel"** und kein Drama wie bei uns. Wenn heute eine Kleinfamilie (4. System) zerbricht, leiden die Erwachsenen und die Kinder. Alle verlieren ihre Familie. Häufig bleibt eine alleinerziehende Mutter mit Kind zurück.

In Matriarchaten herrscht die Meinung vor, dass eine erotische Beziehung zwischen Mann und Frau zu instabil ist, um darauf das Großziehen von Kindern zu gründen. Die Mosuo in Südchina gehen davon aus, dass eine erotische Beziehung im Durchschnitt 4-6 Jahre andauert. Das genügt nicht für das Aufziehen von Kindern.

Die Kinder haben im Matriarchat eine biologische Mutter und viele Tanten und Onkel, die ein stabiles Umfeld bilden. Die Erwachsenen des Clans tragen gemeinschaftlich die Verantwortung für die Erziehung. Die Kinder bekommen auf diese Weise viel Zuwendung und Unterstützung, so dass sie ein stabiles Selbstwertgefühl aufbauen und soziale Intelligenz lernen können.

3. Politisch sind Matriarchate Konsensgesellschaften. Der Wert der Mitsprache aller Mitglieder durch das Konsensprinzip bewirkt die Gleichwertigkeit der Geschlechter und Generationen.

Bei Entscheidungsprozessen beraten Männer und Frauen manchmal getrennt voneinander in geschlechtereigenen Gruppen. Die Ergebnisse werden durch Vertreter ausgetauscht und dann die neuen Argumente wieder in die jeweilige Gruppe gebracht, bis ein Konsens gefunden ist.

Die Clanhäuser sind die realpolitische Basis. Männer treten als Delegierte ihrer Clans bei größeren, auswärtigen Versammlungen auf.

Dieses Prinzip der Basisdemokratie findet auf allen Ebenen statt – im Clan, zwischen den Clans, im Dorf, in der Stadt, im Land.

4. Die **Kultur** im Matriarchat basiert auf einem komplexen religiösen und weltanschaulichen System des Wiedergeburtsglaubens. Das Weiblich-Göttliche in den vielfältigen Erscheinungen prägt das Weltbild. Dazu gehört die Achtung vor allem Lebendigen und dem Zyklischen der Natur.

Verehrt wurde die „Große Göttin" oder „Große Mutter". Sie zeigt sich in der Natur in allen Formen. Alles ist heilig und wird achtsam behandelt. Es gilt das Prinzip: „Vielfalt ist der Reichtum in allem".

Die Entstehung matriarchaler Gesellschaften

Klima

Nach der letzten Kälteperiode der Eiszeit setzte im 13. Jahrtausend v.u.Z. das große Tauen ein. Das Kontinentaleisschild, welches Nordeuropa und Nordasien bedeckt hatte, schmolz. Wärme und Feuchtigkeit nahmen zu. Die angenehmste Wohngegend war damals der „fruchtbare Halbmond" in Westasien.

Namensgebend für den „fruchtbaren Halbmond" war die Ausdehnung des Gebiets in Form einer Mondsichel, welches sich vom Persischen Golf im Süden des heutigen Irak über den Norden von Syrien, den Libanon, Israel, Palästina und Jordanien erstreckte.

10.200 – 6.000 Jahre v.u.Z.   Jungsteinzeit, Neolithikum in Westasien

Ökonomie

Es kam zu revolutionären Erfindungen in Westasien. Die Frauen entdeckten, wie aus weggeworfenen Resten ihres Sammelgutes neue Saaten sprossen. Sie säten Körner absichtlich aus und ernteten Wildgetreide. Dies war ein fundamentaler Schritt. Eine Folge daraus war eine wachsende Sesshaftigkeit.

Zu dieser Zeit wurden Tiere als „lebendige Nahrung" entdeckt. Die Haltung in Reichweite gelang zunächst mit Schweinen. Wahrscheinlich waren es Frauen, welche die Tiere beobachteten und anlockten, bis sie diese einzäunen konnten. Später kamen Ziegen und Schafe sowie Rinder dazu. Dadurch wurden die Menschen bei der Nahrungsversorgung unabhängiger von der Jagd.

Ein neuer Klimawandel

Die paradiesische Warmzeit wurde in Westasien durch die letzte Kaltzeit im 11. Jahrtausend durch eiszeitliche Verhältnisse beendet. Die nächste Klimaphase Ende des 11. Jahrtausends löste das Eis ab – nun wurde es wärmer und schließlich heiß.

Ökonomie

In diesen Zeiten entstanden die ersten Tempelbauten in der Geschichte der Menschheit in monumentaler Größe in Göbekli Tepe (Türkei) – vielleicht aus der existenziellen Erfahrung heraus, wie unsicher das Leben sein kann.

Die Männer wurden Bauleute. Die Frauen organisierten den Anbau von Pflanzen im größeren Stil (Feldbau mit der Hacke) in gemeinschaftlicher Kooperation.

Weitere Neuerungen entwickelten sich: Getreide und Hülsenfrüchte wurden durch erst zufällige, dann sicher geplantere Züchtungen ergiebiger. Die Züchtung der Haustiere folgte; ebenfalls eine Kunst.

Die Orte der Sesshaftigkeit wuchsen auf bis zu Tausenden von Menschen an. Die Häuser wurden zweigeschossig errichtet. Unten befand sich der Speicher, oben das Wohnhaus, um alle unterzubringen.

Die Frauen erfanden die Keramikherstellung, Töpferei und Weberei. Skulptur und Malerei entwickelten sich, Gebäude wurden geschmückt.

Die Metallverarbeitung begann im Herstellen von Schmuckstücken aus geschmolzenem Blei und Kupfer. Waffen wurden aus dieser Zeit nicht gefunden.

Die Sozialordnung der Jungsteinzeit

Mit wachsender Sesshaftigkeit blieben die Kinder im Wohnbereich der Mütter. Die Töchter unterstützten ihre Mütter bei den landwirtschaftlichen Tätigkeiten und den häuslichen Künsten. Es lebten so bis zu vier Generationen in den Häusern zusammen. Diese Lebensweise führte zur Identifikation einer Verwandtschaftslinie von einer Tochtergeneration zur nächsten. Damit entwickelte sich ein weiblicher Stammbaum durch die klare Linie der Geburten.

Auch die Söhne blieben im Mutterhaus. Ihre Tätigkeiten ergänzten die der Frauen. Die Söhne hatten ihren eigenen Aktionsradius.

Der Mann als Mutterbruder trug die Verantwortung für die Schwesterkinder. Er war ihr „sozialer Vater".

Der älteste Mutterbruder vertrat die Sippe nach außen. Im Matriarchat ist das Schwester-Bruder-Paar eine Form gegenseitiger Unterstützung und gleichwertiger Kooperation für die Belange des Lebens.

Frauen wählten ihre Liebhaber. Bei ihrem zeitlich begrenzten Aufenthalt hatte der Erwählte den Status eines Gastes im Clan der Frau. Rechte und Pflichten behielten die Männer in ihrem eigenen Mutterhaus. Das Liebesleben beider Geschlechter war unabhängig vom Alltag.

Die matrilineare Verwandtschaftsgesellschaften bildeten ein System der gegenseitigen Unterstützung. Eine komplexe und dynamische soziale Organisationsform wurde durch intensive Interaktion und Kooperation mit hoher sozialer Intelligenz gestaltet.

Es gab keine bedeutenden Unterschiede in der Architektur. Die Wohnhäuser glichen sich. Nur die Gemeinschaftshäuser und Tempel, die für Versammlungen und religiöse Zwecke genutzt wurden, waren größer gebaut.

Die Archäologen stellten an Begräbnisriten aus dieser Zeit keine Rangordnung fest, weder zwischen den Geschlechtern noch zwischen Personen. Ebenso fanden sie keine Indizien für Aggression und Konflikte in den Skelettanalysen oder der Architektur. Es **gibt keine** archäologischen Funde über Morde, Kriege oder Festungsanlagen aus dieser Zeit.

Vielmehr bekräftigten die archäologischen Funde die gleiche Verteilung materieller Güter bei zunehmender Spezialisierung der Arbeitsbereiche und des Könnens. Obwohl daraus sicher unterschiedlicher Erfolg des Einzelnen und Anerkennung resultierte, blieben die Grabbeigaben gleichwertig bei allen.

Es gab eine horizontale Vernetzung mit wachsender Komplexität.

Wenn ein Ort für die natürlichen Ressourcen zu groß wurde, lagerten sich Tochterstädte aus der Mutterstadt aus. Das Gesellschaftssystem der Egalität festigte sich auch im Großen.

Die Ebene von Kultur und Religion

Die altsteinzeitliche Wiedergeburtsreligion mit der Frau im Zentrum entwickelte sich mit der Verehrung der Ahninnen und Ahnen weiter. Ahnfrauen und Urmütter wurden zu Muttergöttinnen.

Zusammenfassung:

Die jungsteinzeitliche Gesellschaft Westasiens blieb über Jahrtausende mit ihrer kreativen und weitreichenden Entwicklung gleichwertig. Die Aktionsbereiche von Männern und Frauen waren verschieden und bildeten eine sich ergänzende Gesamtheit ohne Konkurrenz.

6.000 – 2.100 Jahre v.u.Z.   Jungsteinzeit (Neolithikum) in Europa

Klima

Um 6.000 v.u.Z. kam es zu dramatischen Klimaschwankungen und wurde heißer. Es gab weniger Nahrung durch Missernten. Dies entvölkerte den fruchtbaren Halbmond in Westasien und viele Menschen wanderten west- und nordwärts nach Europa.

Durch die Verschiebung der Klimazonen lag Europa nun in der gemäßigten, fruchtbaren Zone und blieb es bis heute.

Durch das Schmelzen der Gletscher waren in Europa große Flüsse und Seen entstanden. Damit wurde der Fischfang zur weiteren ständigen Nahrungsquelle. Die Weiterentwicklung des Bootsbaus ermöglichte den Menschen weite Strecken auf Seen, Flüssen und dem Meer zurückzulegen. Dies trug schließlich zur raschen Ausbreitung der jungsteinzeitlichen Lebensweise bei.

Das komplette **„neolithische Paket"** mit Hausbau und Sesshaftigkeit, Feldbau mit der Hacke, Haustierzucht, Weberei und Keramik, neolithischer Kunst und Religion kam auf diese Weise nach Europa. Das „neolithische Paket" wurde in den jeweiligen Regionen über Jahrtausende eigenständig und mit großer Kreativität weiterentwickelt.

Aus der lokalen Entwicklung der Menschen in der Region des fruchtbaren Halbmondes entstand eine vielfältige Verbreitung und Weiterführung der Kultur und der Lebensweise durch die massive und friedliche Einwanderung nach Europa.

Ökonomie der Jungsteinzeit in Europa

Die Frauen kultivierten in Europa neben dem Getreideanbau Gemüsepflanzen und Obstbäume. Aus angebautem Flachs stellten sie durch Spinnen und Weben Leinenkleidung her. Sie hatten die Subsistenzwirtschaft in den Händen, das heißt, sie bewirtschafteten einen kleinen Bauernhof, der alle für den eigenen Bedarf notwendigen Güter selbst produzierte.

Diese Ökonomie ermöglichte den Männern, ihre Bautätigkeit zu einer hohen Zimmermannskunst zu entwickeln. Sie bauten Wohn- und Gemeinschaftshäuser, Tempel und Megalithanlagen. Die Großbauten waren Ergebnis von Gemeinschaftsarbeit in Selbstorganisation der Clans; sie dienten dem Zusammenhalt und der religiösen Identität der Gemeinschaften.

Je nach Gegend wurden auch der Bergbau und die Metallurgie zum Aktionsbereich der Männer. Kupfergegenstände dienten im Kult und wurden als Geschenke weitergereicht, was freundschaftliche Beziehungen aufbaute.

Trotz der technischen Spezialisierung wurde die gleiche Verteilung der Güter praktiziert. Die Ökonomie war eine Ausgleichsökonomie.

Auf der sozialen Ebene galten die gleichen Regeln wie bei der Entstehung der Matriarchate.

Die Ebene von Kultur und Religion: Die Menschen entfalteten die Wiedergeburtsreligion weiter. Sie widmeten ihr imposante Großbauten: Kulthäuser, Tempel, Kreisgrabenanlagen und Megalithbauwerke. Zugleich gab es eine vielfältige Kleinkunst aus Figurinen und Kultgegenständen aus den Händen von Frauen.

Es entwickelten sich drei Aspekte bei Göttinnen hinsichtlich ihrer Funktion und Symbolik:

Die Weiße Göttin des Beginns als Lebensschöpferin,

die mütterliche, nährende Rote Göttin als Trägerin des Lebens, die Schwarze Göttin des Lebensendes und der Transformation vom Tod zur Wiedergeburt.

Diese Aspekte sind nicht voneinander getrennt, sondern durch den Lebenszyklus in der dreifaltigen Göttin miteinander verbunden. Die Vorstellung von der Dreifaltigkeit der Göttin, die in der Jungsteinzeit entwickelt wurde, führte zur dreifachen Großen Göttin von Himmel, Erde und Unterwelt in der Bronzezeit.

Zusammenfassung:

Mit den genannten Eigenschaften auf der ökonomischen, sozialen und kulturellen Ebene zeigen die jungsteinzeitlichen Gemeinschaften in Westasien und Europa eine ca. 7.500 Jahre dauernde matriarchale Gesellschaftsform.

Weltweit noch heute existierende matriarchale Gesellschaften
- *„Mosuo, Yao, Miao und Tan-Völker in China*
- *Chiang-Völker in Tibet*
- *Minangkabau in Sumatra*
- *Ainu in Japan*
- *Trobriander in Melanesien im Pazifik*
- *Khasi, Garo und Nayar in Indien*
- *Bantu, Akan und Aschanti-Völker in Afrika*
- *Berber und Tuareg in Nordafrika*
- *Arawak-Völker in Südamerika*
- *Cuna und Juchiteken in Zentralamerika*
- *Hopi und Pueblo-Völker sowie den Irokesen-Stämmen in Nordamerika*
  um nur die wichtigsten zu nennen." [25]

3. System: Patriarchale Gesellschaften

Wie entstand das Patriarchat?

1. Die Entstehung von Nomadentum und frühe Herrschaft in der eurasischen Steppe

Zeittafel Steppenkulturen

Ab 6. Jahrtausend v.u.Z.:	*Zunehmende Austrocknung der Steppe*
Ab Mitte 5. Jt.:	*Hirtenkrieger-Kulturen im gesamten Steppengebiet (frühe Indoeuropäer)*
Ab 3.400 v.u.Z.:	*Hirtenkrieger als Halbnomaden mit Wagen in der Steppe*
Ab 2.200/2.000 v.u.Z.:	*Späte Bronzezeit; Entwicklung des Streitwagens*
Ab 1900/1800 v.u.Z.:	*Ausdehnung von Hirtenkrieger-Kulturen mit Streitwagen über die gesamte eurasische Steppe*

Gebiet:

„Die Steppen Eurasiens stellen einen breiten Gürtel offenen Graslandes dar, der nördlich von den riesigen Waldgebieten Sibiriens und Nordeuropas und südlich von den endlosen Gebirgsketten West- und Zentralasiens begrenzt wird. Es reicht über Tausende von Kilometern von der Ukraine und Südrussland über die Kasachensteppe bis zur Mongolei und Nordchina." 26

Klima:

Die Steppe trocknete durch Klimaschwankungen zunehmend aus.

Die ökonomische Ebene:

Da Feldbau nicht mehr effektiv und ausreichend zur Ernährung war, musste die Nahrungsquelle „Rind" vergrößert werden. Es entstanden Hirten-Kulturen mit der Domestikation des Pferdes, um die Herden zu hüten. Damit verbunden waren zunehmend Konflikte mit benachbarten Hirten um das knappe Weideland. Es entwickelten sich Hirtenkrieger.

Häuptlinge scharten ein bewaffnetes Gefolge um sich. Dieses stellte einen **ersten „Erzwingungsstab" dar, das notwendige Kriterium für „Herrschaft", die damit ihren Anfang nahm.**

Vieh, das vorher Gemeinschaftseigentum war, wurde vom Häuptling in **Privateigentum** gewandelt. Damit konnte er sein Gefolge vergrößern, indem er mit Geschenken an Vieh das Bündnis zu seinen Waffenbrüdern festigte.

Die Ungleichheit zwischen Männern trat auf den Plan der Geschichte. Durch ungleiche Viehverteilung waren wenige reich und viele nicht reich.

Ab 4.500 v.u.Z. beherrschten die Häuptlinge mit ihrem Gefolge das gesamte osteuropäische Steppengebiet vom Ural bis zum Kaukasus und der Ukraine. Durch Raubzüge wurden die Menschen, die matriarchal lebten, gewaltsam aus ihrem Landstrich vertrieben, weil sie sich nicht kriegerisch verhielten und leichte Beute waren.

Die Erfindung von Rad und Wagen erhöhte die Mobilität dieser Raub-Horden.

Klima:

Zwischen 3.300 und 3.000 v.u.Z. kam eine Kälteperiode und weite Gebiete wurden zu Einöden und damit unfruchtbar.

Darauf reagierten die Menschen mit einem großen Invasionsschub – berittene Krieger und Leute mit Ochsenwagen zogen nach Westen ins untere Donautal am Schwarzen Meer bis ins Karpatenbecken (Ungarn). Die Invasoren vertrieben die dort matriarchal Lebenden, welche nach Norden flohen.

Die, die blieben, wurden unterworfen. *„Statt die Einheimischen wie bisher zu ermorden oder zu verjagen, fanden es die Eroberer nun bequemer und lukrativer, das besiegte Volk am Leben zu lassen, damit es für die neuen Herren arbeitete."* 27

Eine kleine, bewaffnete Minderheit (Erzwingungsstab) hielt die Mehrheit der Menschen nieder und beutete sie aus.

„Eine strikte gesellschaftliche Zweiteilung wurde eingeführt und mit Waffengewalt von einer militärischen Elite aufrechterhalten. Letzteres zeigen die vielen Verletzungen von Keulenhieben an den Skeletten der Leute in den flachen Gräbern, während die Männer in den Kurganen keine solche Wunden hatten." 27 (Kurgane – russisch für Hügelgrab)

Die erste Hierarchie von Herrschenden und Geknechteten war entstanden. Die Elite entwickelte ein Bewusstsein, die „höheren Menschen" zu sein. Sie waren stolz auf ihre Macht, die auf Waffen mit einem Erzwingungsstab basierte.

Dies ist der Beginn des patriarchalen Denkens und der patriarchalen Ideologie.

„Charakteristisch daran ist, dass der Zwang von oben und der Widerstand von unten zu unaufhörlichen inneren Spannungen und sozialem Elend führen." 27

Die Weiterentwicklung der Streitwagen führte zur **organisierten Kriegsführung**.

„Streitwagen waren kostspielig zu bauen und schwierig zu lenken, sie setzten großen Reichtum der Besitzer voraus, ebenso ihre Freiheit von allen Pflichten, um sich ausschließlich dem Waffenhandwerk zu widmen. Damit verstärkten sich die hierarchischen Muster: Eine militärische Kaste aus Häuptlingen mit ihren Waffenbrüdern stand unwiderruflich an der Spitze der Gesellschaft. Sie war der Anfang der späteren stehenden Heere, denn sie mussten ständig präsent sein und mit großem Aufwand unterhalten werden. Außerdem mussten diese professionellen Krieger fortwährend etwas zu tun haben, nämlich Kriegführen – was sie klar von dem früheren spontanen Fehdewesen wie von den unberechenbaren Raubzügen und überfallartigen Eroberungen unterscheidet. So kann man diese Entwicklung den Beginn von organisiertem Krieg nennen." 28

Durch die organisierte Kriegsführung mit Streitwagen wurde die eurasische Steppe ein zusammenhängender Raum. Sie reichte von den nordwestlichen Gebieten Chinas bis zu den südöstlichen Regionen Europas. *„Daraus entwickelte sich in der Folgezeit der „Steppenschnellweg", der Europa zwar exotische Güter bescherte, aber Jahrtausende lang auch blutige Kriege durch bewaffnete Reitervölker aus der Steppe brachte, wie beispielsweise die Hunnen unter Attila und die Mongolen unter Dschingis Khan".* 28

Die soziale Ebene:

Nicht jede Hirtenkultur und nicht jede Hirtenkrieger-Kultur wurde automatisch patriarchal. Die Männer der Tuareg-Stämme in der Wüste Sahara sind Hirtenkrieger gewesen. Ihre innere Sozialordnung blieb matriarchal.

„Diese sind gemäß ihrer Tradition in der Mutterlinie organisiert, die Frauen wohnen als „Herrinnen der Zelte" matrilokal zusammen. Die Herden bleiben als Gemeinschaftsbesitz in den Händen der Frauen, über den sie wachen. Sie gelten als die Ernährerinnen, denn sie verteilen die

tierischen Produkte, die sie herstellen, gleichmäßig an alle Familienmitglieder." 29

Anders entwickelte es sich im Patriarchat.

„Die herrschenden Männer der Krieger-Elite übertrugen bald das Besitz- und Ausnutzungsdenken, das sie an ihren Herden gewonnen hatten, auf die menschliche Sphäre." 30

Durch die erzwungene Einführung des Privateigentums hatte der Häuptling das **Problem der Vererbung**. Der neue Besitz und die neue Macht sollten in männlicher Linie vererbt werden und nicht, nach seinem Tod, wieder an die Gemeinschaft gehen. Er brauchte eigene Söhne, an die er seinen neuen Reichtum vererben konnte. Dafür musste er sicher sein, dass die Frau nur von ihm schwanger wurde und nicht (wie im Matriarchat üblich) mehrere Liebhaber haben konnte.

Er bot einem Clan für eine Frau einen Teil seiner Herde als „Brautpreis" an. Damit gehörte sie ihm. Wenn sie älter geworden war, folgten jüngere Frauen für weitere Erben.

Die Frau ging in den Besitz des Mannes über und musste bei ihm leben.

„Er „hütete" und „züchtigte" sie wie seine Kühe. Das war in seinen Augen notwendig, um sie gehorsam und strikt monogam zu machen – denn wie konnte er sonst sicher sein, dass sie seinen Sohn als den einzig legitimen Erben gebären würde und nicht den eines geheimen Liebhabers?

Deshalb musste sie ihm auch als „Jungfrau", d.h. sexuell Unberührte, übergeben werden, was zur Folge hatte, dass Vater und Brüder der eigenen Sippe sie vor der Ehe strikt bewachen mussten, damit sie nicht an Wert verlor.

Danach wurde ihre Monogamie erzwungen, indem sie ihrer persönlichen Freiheit vollständig beraubt wurde. Für diese Einsperrung der Frau sorgte sein Gefolge von Kriegern, das sie ständig überwachte.

Bei jeder Unachtsamkeit in sexueller Hinsicht drohte ihr der Tod, denn damit sah sich der Häuptling an seinem Eigentum geschädigt. Ihr Liebhaber galt als Dieb am Besitz des Häuptlings und wurde, genauso wie ein Viehdieb, ebenfalls getötet. Diese Sitten waren brutal, doch sie ergaben sich aus der Logik des Privatbesitzes." 31

Dies ist der **Ursprung der Ehe in Form einer Monogamie**. Sie kam unter Zwang zustande und ist nicht „natürlich". Frauen und Männer haben davor 197.000 Jahre frei in Liebesbeziehungen gelebt.

Der Häuptling hat seine Söhne von Kriegern in seinem Sinne erziehen lassen. Erst hier entstand das Wort „Vater". Das heißt, **Vaterschaft** gibt es erst seit 5.000 Jahren. Bei diesem Prinzip „Vaterschaft" ging es vornehmlich um die Weitergabe von Macht und Reichtum, weniger um liebevolle Fürsorge.

„Über ihren Besitz konnten diese Männer verfügen, wie sie wollten, was so weit führte, dass sie – wie bei ihrem Vieh – Herren über Leben und Tod auch ihrer Frauen und Söhne wurden.

Zu diesem Besitzdenken gehörte ebenso, dass nicht nur ihre Lieblingstiere, nämlich Pferde, den Häuptlingen in den Tod folgen mussten, sondern auch ihre Frauen, manchmal mitsamt den noch nicht erwachsenen Kindern. Diesen Preis bezahlte eine Häuptlingsfrau für ihren erhöhten Status, denn ohne den mächtigen Mann hatte sie keinen Wert. Dieser verharmlosend „Witwentötung" genannte Vorgang stellt faktisch Menschenopfer dar und ist archäologisch gut belegt.

Die gewöhnlichen Leute, insbesondere von der Elite ausgeschlossene Frauen, hielten noch lange an der angestammten, matrilinearen Tradition fest." 32

Die Ebene von Weltbild und Religion:

Im Weltbild setzte sich die indoeuropäische Reinheits-Ideologie durch. Sie geht vom Gesetz des Stärkeren aus. Männer galten als stark und rein, Frauen als schwach und unrein. Die Unreinheit von Frauen wurde als „von Natur aus vorhanden" erklärt.

Diese Ideologie übertrug sich auch auf die Bewertung der Arbeit des jeweiligen Geschlechts. Die Arbeit der Männer (Hirtentum und Krieg) galt als edel und hochwertig, die Arbeit der Frauen als niedrig und unrein.

Auch bei den Gottheiten wurde diese Hierarchie eingeführt. Die höheren Götter waren der himmlische Vatergott und der Kriegsgott.

Definition:

„Frühes Patriarchat entwickelte sich von Anfang an als Komplex aus
- *Krieg,*
- *Eliten- und Herrschaftsbildung,*
- *Privateigentum an Vieh,*
- *Herrschaft über Frauen und unterworfene Kulturen,*
- *mit höchsten männlichen Himmels- und Kriegsgöttern."* 33

2. Die Entstehung von Staat und Reich in Westasien

Wir haben im vorigen Kapitel gesehen, wie sich das Patriarchat in den Steppen gebildet hatte. Nun geht es um den zweiten Weg der Patriarchatsbildung in Mesopotamien.

Zeittafel

6. Jahrtausend v.u.Z.:	*Frühe Kupfersteinzeit: Nord-Mesopotamien*
5. Jahrtausend v.u.Z..:	*Mittlere Kupfersteinzeit: Süd-Mesopotamien*
4. Jahrtausend v.u.Z..:	*Späte Kupfersteinzeit: Süd-Mesopotamien*
3. Jahrtausend v.u.Z..:	*Frühe Bronzezeit: Zeit der „Uruk-Ausdehnung"*
2.600 -2.000 v.u.Z.:	*Frühdynastisch, Sumer und Akkad*
2. Jahrtausend v.u.Z.:	*Mittlere und späte Bronzezeit, 2.000-1.000: Babylon und Assyrien*
1. Jahrtausend v.u.Z.:	*Eisenzeit: Assyrische Großreiche*

Ökonomie und Politik in Westasien: Organisation des kostbaren Wassers

Der fruchtbare Halbmond wurde ab dem **6. Jahrtausend v.u.Z.** durch Abkühlung und Austrocknung unfruchtbar. Dem südlich davon gelegenen Mesopotamien brachte das Klima erst einmal günstigere Bedingungen. Viele Menschen waren nach Norden oder Westen gezogen, doch etliche gingen auch nach Süden entlang der beiden großen Flüsse Euphrat und Tigris.

Im nördlichen Mesopotamien (heute Nord-Irak) entstanden Kulturen (ca. 6.000 – 5.000 v.u.Z.), die künstliche Bewässerung von Gärten und Feldern entwickelten.

Die matriarchalen Sippenhaushalte verteilten die Felder und das Wasser in gemeinschaftlicher Vereinbarung. Stempelsiegel und Zählmarken halfen bei der gerechten Zuteilung für jeden Haushalt.

Im **5. Jahrtausend v.u.Z.** entwickelten sich weitere Kulturen im südlichen Mesopotamien (Süd-Irak). Sie legten Gemeinschaftsvorräte als Nothilfe bei Hochwasser oder Dürre an.

Im **4. Jahrtausend v.u.Z.** wurde es weiterhin kühler und trockener. Im Persischen Hochland mit den angrenzenden Gebieten in Nordmesopotamien wirkten sich die Klimaveränderungen verheerend aus. An den Rändern der Gebirge entstanden Wüsten.

Es kam zu einer verstärkten Einwanderung von verschiedenen Volksgruppen von Norden und Osten in den wasserreichen Süden.

„Auch das Volk der Sumerer gehörte zu den Einwanderern. Die Sumerer lernten von der Ubaid-Kultur und übernahmen vieles,

- *die Gleichartigkeit der Häuser,*
- *die Tempelbauten,*
- *das Prinzip des Gemeinschaftsvorrates, der im Tempel, dem Gemeinschaftshaus, aufbewahrt wurde.*
- *Stempelsiegel und Zählmarken dienten wie beim Sippenhaushalt dazu, den Eingang der Güter zu registrieren und den Ausgang nach festen Maßen und Gewichten gerecht zu verteilen. In diesem Sinne diente der Tempel als gemeinschaftlicher „großer Haushalt". Man nennt dies „Tempelwirtschaft".34*

„In den frühen sumerischen Städten bestimmten die Sippen selbst über die Verwendung der Gemeinschaftsvorräte, und wenn ein Vorsteher

oder eine Gruppe mit der Administration betraut wurde, dann handelten sie als Delegierte der Sippen." [34]

Im beginnenden 3. Jahrtausend v.u.Z. erschienen die ersten staatlichen Organisationen mit matriarchaler Kultur. Dies hatte mit dem rasanten Ansteigen der Bevölkerung zu tun. Alle Einwanderer wurden von der ansässigen Bevölkerung aufgenommen. Die Zahl der Orte und ihrer Einwohner steigerte sich um das Zehnfache.

Das große und anhaltende Problem war, die Versorgung der enorm anwachsenden Menschenmenge zu gewährleisten. Dies versuchte man durch

- den Ausbau der künstlichen Bewässerungsanlagen sowie
- der Erhöhung der landwirtschaftlichen Produktion: Weite Teile der Ebene wurden in Ackerland verwandelt und der Anbau intensiviert.
- Weiterhin wurde die Keilschrift weiter entwickelt, um die Kommunikation zu vereinfachen.

„Es gab einen obersten Administrator, den „König der Stadt", der aber noch keine Herrschaftsmacht besaß. Er war dem „Rat der Ältesten" verantwortlich und musste die Zustimmung der Versammlung aller Haushaltsvorstände einholen. Der König war auch der Stadtgottheit für das Wohlergehen der Menschen in der Stadt verantwortlich. Dennoch handelt es sich jetzt erstmals um eine stratifizierte Gesellschaft, das heißt, eine hierarchische Gesellschaft aus Schichten und Rängen. Sie war aus dem Bevölkerungsdruck in einer schwierigen ökologischen Umwelt hervorgegangen. Es handelt sich jedoch um eine Hierarchie der Verantwortung, noch nicht der Herrschaft. „Herrschaft" bedeutet eine Hierarchie der Ausbeutung von oben nach unten, die durch einen bewaffneten Erzwingungsstab gewährleistet wird. Der König war hier nicht von einer stehenden Krieger-Kaste umgeben.

Mit dieser stratifizierten Gesellschaft und der Hierarchie der Verantwortung begann die Geschichte der sumerischen Stadt-Staaten." 35

Als matriarchale „Staaten" erhoben sie Besitzanspruch auf das Land, das vorher allgemein zur Verfügung stand.

„Mit ihrem Territorium erreichten sie ihr Ziel, die Versorgung der Stadtbewohner zu sichern und einen allgemeinen Wohlstand herbeizuführen. Diesen dokumentieren die Funde aus den Gräbern der Normalbevölkerung, denn man fand auch hier, nicht nur bei den hohen Administratoren, Beigaben aus Edelmetallen: Gold, Silber, Blei, Kupfer und den blauen Lapislazuli-Stein.

Diese weite Streuung des Wohlstands unter der Bevölkerung entspricht der nicht-hortenden, sondern wiederverteilenden Wirtschaft in den sumerischen Stadtstaaten." 35

Dieser allgemeine Wohlstand wurde vergrößert durch weite Handelsbeziehungen mit den Nachbargebieten und der Gründung von Handelsniederlassungen.

Die Macht der Waffen: Regionalstaaten und das erste Reich

Dann kamen von der Arabischen Halbinsel, die sich zunehmend in Wüste verwandelte, nomadische Hirtenkrieger. Diese brachten als Gesellschaftsform die Patrilinearität mit. *„Das geschah unfriedlich, denn es gibt für die nördlichen Regionen Mesopotamiens Spuren von Zerstörung, mit massenhaften Funden von Schleuderkugeln, die als Kriegswaffe dienten. Die nördlichen Niederlassungen wurden verlassen."* 36

Sie ließen sich schließlich im fruchtbaren Gebiet von Sumer als „Akkader" nieder.

„Die akkadischen Stadtkönige erweiterten das Territorium um ihre Städte derart aggressiv, dass ihr Stadtstaat Kisch in der ersten Hälfte des 3. Jahrtausends die Hegemonie (Vorherrschaft) über die sumerischen Stadtstaaten ausübte. In manchen sumerischen Städten besetzten sie selbst den Thron, in anderen Städten mussten sich die sumerischen Könige ab jetzt dem Kriegshandwerk widmen, das zuvor nicht zu ihren Aufgaben gehört hatte.

Diese einschneidende Veränderung erwuchs aus dem Bedürfnis der sumerischen Stadtstaaten nach Unabhängigkeit.

Auf diese Weise wandelte sich die Rolle des Königs vom obersten Administrator, welcher der Stadtgottheit unterstand, zu einem kriegführenden König. Wie bei den Akkadern üblich, wurde ihm jetzt das Privileg zugestanden, seinen Königstitel zu vererben, was im 3. Jahrtausend zur Frühdynastischen Zeit führte. " 37

(Dynastie - eine Abfolge von Herrschern derselben Familie, Anmerkung K.W.)

Diese Entwicklung verschärfte sich durch die Abnahme des Wassers in den beiden großen Strömen sowie durch die fortwährende Einwanderung von Menschen aus dem Norden.

Man versuchte die netzartig übers Land verteilten Bewässerungskanäle durch Hauptkanäle, an denen die großen Städte lagen, zu ersetzen. Dies hatte zur Folge, dass die selbständigen Dörfer durch Wasserknappheit ausstarben und die Menschen von dort in die Städte ziehen mussten. Die weiter umliegenden Siedlungen wurden gezwungen, die Einwohner der Städte mit Nahrungsmitteln zu versorgen.

In Sumer kam nun die Idee auf, das Land politisch zu einigen mit einem „König des Landes". So brüchig auch die Organisation des Stadtstaates war - keiner wollte seinen Stadtstaat abtreten und so begann man sich zu bekriegen.

Mit dem **semitischen König Sargon von Akkad (2292-2236 v.u.Z.) kam ein Mann an die Macht**, der das Kriegführen besser verstand als jeder vor ihm. Mit Gewalt fügte er Mesopotamien zusammen, setzte sich selbst als Zentralregierung ein und war damit der **erste „Herrscher"**. Er unterwarf im Verlauf seiner Glanzzeit das gesamte Gebiet Mesopotamiens und die angrenzenden Länder und schuf so ein riesiges Herrschaftsgebiet.

Auf diese Weise begann die **Geschichte der patriarchalen Militärreiche**. Das eigene Volk wurde mit Ausnahme von wenigen unterdrückt und andere Völker ausgebeutet.

„Ein prächtiges Leben führten nur der Herrscher und seine Getreuen, die nun endlich in die Geschichte eingetretene „Elite", samt dem hierarchischen Erzwingungsstab der kontrollierenden und strafenden Instanzen.

*Es ist das **klassische Patriarchat**, das hier erstmals erfunden wurde".* 38
(Hervorhebung K.W.)

„Frauen als das andere Geschlecht, andere Männer, andere Völker und die Natur haben dabei keinen Wert in sich, sondern gelten nur als ausbeutbare Ressource, um die Herrschaftsmacht zu stärken." 38

„Nachdem patriarchale Eroberungsreiche einmal in die Menschheitsgeschichte eingeführt waren und von den Herrschern als der beste Zustand für sie selbst erkannt wurden, verbunden mit der Propaganda, dass damit überhaupt erst „Zivilisation" begann, die es angeblich vorher nicht gab, hörte das Streben danach nicht mehr auf. Mehr und mehr zeigte damit die patriarchale Herrschaftsgesellschaft, die auf Krieg beruht, ihr hässliches Gesicht." 38

Hinzu kommt:

„Ein nur konsumierendes Beute- und Tributsystem stellt keine dauerhafte Wirtschaftsweise dar.

Mehr oder weniger gelten diese Gründe für den Untergang aller patriarchalen Reiche und „Weltreiche", die nach diesem ersten Beispiel in rascher Folge entstanden und wieder vergingen, unter Verlust von Millionen von Menschenleben. Ihre Entstehung verdankten sie denselben Prinzipien von Herrschaft und Ausbeutung, die in Mesopotamien erfunden wurden, und ihren Untergang der Instabilität dieser Muster, die aus dem Streben nach grenzenloser Expansion und Maximierung stammen. Bis heute sind dieselben Muster bekannt.

Doch jetzt ist es die Erde selbst, die als begrenzter Planet definitiv das Ende dafür setzt. *"* 39 *(Hervorhebung K.W.)*

Sozialordnung in Westasien

Im Gesetzeskodex von Hammurabi, König von Babylon (1.760 v.u.Z.), wird deutlich, wie die patriarchale Ehe nun allgemein durchgesetzt wurde.

- Frau und Kinder gehörten zum Eigentum des Ehemannes.
- Der Familienvater hatte die Macht zur Kindstötung.
- Er hatte das Recht, für Söhne und Töchter Ehen zu schließen.
- Jungfräulichkeit war Pflicht. Hielt sich die Tochter nicht daran, konnte der Vater sie als Sklavin verpfänden oder verkaufen.
- Der Vater konnte seine Tochter bereits in früher Kindheit gegen Zahlung eines Brautpreises verheiraten. Sie lebte fortan im Haushalt des Schwiegervaters und diente als Magd. Ein sexueller Missbrauch vonseiten des Schwiegervaters war nicht ausgeschlossen.

- In Notzeiten konnte er seine Frau und seine Kinder an Gläubiger verpfänden.
- Wenn er die Zahlung seiner Schulden versäumte, wurden auch sie zu Schuldsklaven und „Leibeigenen".
- Der Ehemann hatte das Recht, sich eine Konkubine zu nehmen, die er als Sklavin kaufen konnte. Die Ehefrau musste sie dulden. Sie war nun ihre Dienerin.
- Dem Ehemann war Ehebruch mit Prostituierten und Sklavinnen erlaubt, d.h. er lebte polygam.
- Die Ehefrau schuldete ihrem Ehemann absolute Treue. Beging sie Ehebruch, wurde sie mit dem Tod bestraft.
- Der Ehemann konnte ihren Liebhaber straffrei töten. Denn dieser galt als gemeiner Dieb am Eigentum des Mannes.
- Die Frau war auf den Status einer Ware abgesunken. [40]

Durch das Beutemachen in fremden Ländern entstand jetzt eine neue Schicht: die versklavten Kriegsgefangenen. Die absolute Mehrheit der Gefangenen bestand aus Frauen. Man tötete die gefangenen Männer, weil sie als Krieger gefährlich werden konnten. Es war außerdem nicht genügend Personal für ihre Bewachung vorhanden. Nahm man sie dennoch mit, wurden sie geblendet oder verstümmelt, nur so weit, dass sie noch arbeiten konnten.

Kriegsgefangene Frauen wurden grundsätzlich vergewaltigt. Ihr Gesicht kennzeichnete ein Brandmal. Für ihre Herren waren sie sexuell uneingeschränkt verfügbar. Sie konnten auch einem Gast zur sexuellen Benutzung angeboten oder in die Prostitution verkauft werden.

„Bis heute werden Frauen als Sexobjekte in die Prostitution verkauft. Das gilt in der Gegenwart z.B. für Frauen aus Osteuropa und Afrika, die in die Sex-Industrie der westlichen Länder verkauft werden und rechtlos sind." [41]

Im Assyrischen Großreich ab 1.800 v.u.Z. wurde das Rechtssystem für Frauen noch strenger. Das Gesetz schrieb die Verschleierung der Frau als Ehefrau, der unverheirateten Tochter eines Bürgers oder verwitweten Frauen vor, wenn sie auf die Straße gingen.

Damit wurde der Schleier zu einem Zeichen der „ehrbaren Frau". Er zeigte an, dass die Frau nur einem einzigen Mann sexuell gehörte und sich als Tochter oder Witwe unter seinem Schutz, das heißt, unter seiner Kontrolle, befand. Auch die Konkubine, als Eigentum des Mannes, trug einen Schleier. Als Eigentum des Mannes durfte sie nicht angetastet werden.

Die Sklavinnen und Prostituierten mussten unverschleiert bleiben. Sie galten als „herrenlos" wie Straßenhunde und waren der Willkür der Männer ausgeliefert.

Würde eine Sklavin beim Tragen eines Schleiers ertappt, so sollten ihr die Kleider abgerissen und die Ohren abgeschnitten werden. Einer Prostituierten drohten Stockschläge und das Ausgießen von Erdpech über ihrem Kopf.

„Es ging um die Klassifizierung der Frauen in „ehrbare" und „ehrlose", in „gute" und „böse", was sie definitiv und dauerhaft untereinander trennte.

Die Spaltung der Frauen durch ihre Zugehörigkeit zu verschiedenen Schichten und Klassen, deren Grenzen sie nicht überschreiten durften, lag im direkten Interesse des totalitären Staates. Es war ein Herrschaftsmittel, um die Hälfte der Menschen, welche die Frauen in jedem Staat sind, in Schach zu halten. Man brachte sie auf diese Weise gegeneinander auf und zwar nach männlicher Norm.

Solche Spaltungen wurden im Laufe der Zeit von den meisten Frauen in patriarchalen Gesellschaften tief verinnerlicht, was ihre Solidarität untereinander zerstörte und ihre Haltung bis heute prägt." [42]

Zusammenfassung:

Patriarchale Muster sind in Westasien

- durch die Entwicklung in den eurasischen Steppen und
- in den urbanen Gebieten Mesopotamiens

auf zwei verschiedene Weisen entstanden.

Verbreitung des Patriarchats:

Marija Gimbutas, eine Prähistorikerin, Anthropologin und Archäologin, entwickelte die Theorie, dass es ab 3.500 v.u.Z. den dramatischen Zusammenprall von zwei völlig entgegengesetzten Gesellschaftsformen, der matriarchalen und der frühpatriarchalen, gegeben hat. Diese Theorie war heftig umstritten.

Klarheit haben hierin neue DNA-Analysen gebracht. Mit diesen konnte nachgewiesen werden, dass bei den starken Einwanderungswellen ab 3.500 v.u.Z. fast ausschließlich Männer ankamen, die neue Waffentechniken mitbrachten.

Dazu kommt, *„dass bei der indoeuropäischen Einwanderung die Männer der alteingesessenen Bevölkerung nahezu aus den genetischen Daten verschwanden, während disproportional (unverhältnismäßig) viele alteingesessene Frauen „assimiliert" (angleichen, anpassen) wurden.*

Das heißt im Klartext, dass die Männer der einheimischen Kulturen von den Eroberern brutal ausgelöscht wurden. Doch was geschah mit den Frauen? Sie haben sich kaum freiwillig an eine Lebensweise „assimiliert", in welcher der Status der Frauen von niedrigstem Niveau war, nachdem sie zuvor in matriarchalen Sippen mit zentraler Stellung und großer Achtung für Frauen gelebt hatten. Diese „Assimilation" bestand darin, dass die Frauen entführt, vergewaltigt und in Ehen mit den Eroberern gezwungen wurden – falls sie nicht den Tod vorzogen.

Ab jetzt mussten die Frauen in patrilinearer und patrilokaler Ehe leben, und es ist uns bekannt, was das heißt." 43

„Auf dem Boden dieser DNA-Analysen hat Colin Renfrew (ein britischer Archäologe) 2017 in einer öffentlichen Rede zugegeben, dass Gimbutas mit ihrer Theorie Recht behalten hat." 44

Erste Patriarchalisierungswellen aus den Steppen

Zeittafel:

Mitte 5. Jt. (4.400/4.300 v.u.Z.):	*Erste indoeuropäische Eroberungswelle*
Mitte des 4. Jt. (ab 3.500 v.u.Z.):	*Zweite indoeuropäische Eroberungswelle*
Anfang 3. Jt. (ab 3.000 v.u.Z.):	*Dritte indoeuropäische Einwanderungswelle*
Ende 3. Jt. (2.500/2.100 v.u.Z.):	*Auswirkungen in ganz Europa*

Ab Mitte des 5. Jahrtausends verbreiteten aggressive Reiterkrieger aus dem Wolgagebiet ihre Lebensweise im gesamten Steppenraum. Sie eroberten weite Gebiete im gesamten unteren Donaubecken (östliches Rumänien und Bulgarien). Mit ihnen entstanden die ersten militärischen Burgen. Sie drangen schließlich weiter nach Südwest-Rumänien vor.

Der erste Vorstoß der Reiterkrieger war eine begrenzte Periode im gesamten, damals matriarchalen Europa. Doch löste sie in Folge eine Kettenreaktion von Völkerverschiebungen aus.

Die zweite indogermanische Eroberungswelle fällt in die Mitte des 4. Jahrtausends (ab 3.500). In dieser Zeit (von 3.400 bis 3.200 v.u.Z.) drängten die berittenen Kriegergruppen zum zweiten Mal ins untere Donaubecken vor.

Andere Reiterkrieger griffen weiter ins mittlere Donaubecken aus (Ungarn, Serbien, Bosnien) und erreichten schließlich die Länder um den Oberlauf der Donau (Österreich, Süddeutschland, Böhmen). Die Spuren ihrer Überfälle lassen sich bis nach Südpolen verfolgen.

Die dritte indoeuropäische Eroberungswelle entstand mit Reitern aus dem Gebiet der Wolga. Diese gewaltige Invasion erfasste dauerhaft ganz Europa bis in die letzten Enden des Peloponnes und dem Golf im Süden und bis an die Ostsee im Norden.

Diesmal verdrängten die frühpatriarchalen Gesellschaften sich gegenseitig und die bisherigen Eroberer wurden nun ihrerseits erobert.

Mit diesen Kriegerhorden wurden patriarchale Muster nach Europa transportiert und mit dessen gewaltsamer Verbreitung die matriarchale Epoche dort in der Zeit von 2.500 – 2.100 v.u.Z. beendet.

Verschiedene spätmatriarchale Elemente hielten sich noch eine Zeit lang:

- Die minoische, matriarchale Kultur auf Kreta konnte sich bis 1.450 v.u.Z. halten,
- die etruskische, spätmatriarchale Kultur fiel im 1. Jahrhundert v.u.Z. durch die Römer,

- die matriarchale Räter-Kultur in den Alpen fiel im Jahr 15 v.u.Z. Sie bewahrte Elemente ihrer matriarchalen Traditionen bis in die Gegenwart.
- Die Sarden auf Sardinien waren bis 700 v.u.Z. matriarchale Gesellschaften, ebenso die Basken in Spanien und Südfrankreich.

Was sagt der britische Anthropologe Richard Wrangham zu Herrschaft, Macht und Krieg?

Richard Wrangham setzt sich in seinem Buch „Die Zähmung des Menschen" mit absoluter Macht und Krieg auseinander.

Er definiert **Herrschaft** als die Möglichkeit, ungestraft zu töten, selbst zu strafen und zu disziplinieren. Es fordert Gehorsam durch einen Befehl.

Um Herrschaft zu erlangen, braucht es ein **aktiv aggressives Bündnis**, das die Macht hat. Heide Göttner-Abendroth nennt es den „Erzwingungsstab".

„Ein Befehl an einen Untergebenen beinhaltet immer die Androhung von Gewalt für den Fall, dass er der Anweisung nicht Folge leistet.

Wenn die Drohung allein auf der Körperkraft des Anführers beruhen würde, hätte sie wenig Wirkung. Kein Anführer könnte sich dauernd in Zweikämpfe einlassen. Aber Anführer müssen ja gar nicht selbst kämpfen: Ein Bündnis steht für ihre Drohung ein, und für dieses Bündnis ist die aggressive Konfrontation weitgehend ungefährlich, da man dem Untergebenen mit überwältigender Macht entgegentritt. In diesem Wissen muss sich der Untergebene fügen oder die Konsequenzen auf sich nehmen.

An den autoritären Höfen mittelalterlicher europäischer Könige oder chinesischer Kaiser, in faschistischen Regimes des 20. Jahrhunderts oder in Mafia-Clans genügt ein Wink des Führers, um die Hinrichtung eines Angehörigen, der gegen die Regeln verstoßen hat, in die Wege zu leiten.

Der Gehorsam der Höflinge, Sklaven, Gefangenen oder unwilligen Soldaten demonstriert die Auswirkungen hierarchischer Macht in ihrer brutalsten Form. Wer sich widersetzt oder flieht, wird getötet." 45

Nach Wrangham ist eine Konfrontation mit einem Widersacher für die Mitglieder des Bündnisses ungefährlich, da sie in der überwältigenden Mehrheit sind. Damit gilt folglich:

Mit Hilfe von Bündnissen können Anführer ungestraft töten. *„Die Beseitigung von Widersachern ist einfach und billig."* 46 Sie kostet nichts.

„Bündnishafte aktive Aggression ist verantwortlich für Hinrichtungen, Krieg, Massaker, Sklaverei, Schikane, rituelle Opfer, Folter, Lynchmorde, Bandenkriege, politische Säuberungen und ähnliche Formen des Machtmissbrauchs." 47

Weiterhin untersucht Richard Wrangham die Ursprünge und Funktionsweisen der „bündnishaften aktiven Aggression".

„Aggressoren werden nur dann aktiv, wenn sie überzeugt sind, dass sie gute Aussichten auf einen Erfolg haben, der sie selbst nichts kostet. Wenn sich diese Umstände nicht einstellen, unterbleibt auch die aktive Aggression." 48

Das heißt: **Aktive Aggression verschwindet, wenn sie die Aggressoren zu viel kostet, der Preis zu hoch ist!**

Kriege wurden früher geführt, wenn ein Kräfte**un**gleichgewicht bestand. Bei einem Überraschungsangriff mit überwältigender Mehrheit ist die Wahrscheinlichkeit groß, selbst nicht verwundet zu werden und erfolgreich zu siegen.

Richard Wrangham beschreibt **einfache Kriege** folgendermaßen: Eine Gruppe von Männern schleicht sich heimlich an eine Feindesgruppe heran. Einer oder mehrere Feinde werden getötet und dann fliehen die Männer schnell wieder. Das eigene Risiko, verletzt zu werden, wird möglichst gering gehalten.

Wenn Feindesgruppen sich treffen und voreinander stehen, zerstreuen sie sich lieber als sich auf Kampfhandlungen einzulassen.

Bei **komplexen Kriegen** sagt er, gibt es einen Befehlshaber und Soldaten, Herrscher und Gefolgsleute. Organisierte Feldschlachten, in denen sich zwei Heere gegenüberstehen, sind extrem traumatisierend für alle Soldaten. Sie haben Angst. Sie müssen bewusst das Risiko eingehen, verwundet oder getötet zu werden, wenn sie gegeneinander kämpfen.

Doch die Angst vor dem Befehlshaber und den Strafen ist größer. Offiziere zwingen Soldaten in den Kampf, zum Beispiel durch das Erschießen von Deserteuren, damit sie nicht davonlaufen.

„Die menschliche Psyche ist nicht auf das Soldatendasein angepasst." 49

Bis vor kurzem zeigte die Geschichte der Kriege nach Wrangham, dass die Auseinandersetzungen asymmetrisch waren, das heißt, es wurde mit überwältigender Waffenmehrheit erobert. Die den Krieg anzettelten, gewannen ihn auch.

In neuerer Zeit schienen Befehlshaber kein gutes Händchen mehr zu haben bei der Einschätzung ihrer Erfolgsaussichten. Die Möglichkeiten der Gegenrevolte und des Guerillakrieges waren zahlreich geworden.

Nach einer Analyse des Psychologen Norman Dixon, dem das militärische Establishment den Zugang zu einem Jahrhundert britischer Militärdokumente seit 1853 eröffnet hatte, wurde deutlich, dass „4 Symptome der militärischen Inkompetenz" für Fehlentscheidungen verantwortlich waren.

1. Die eigenen Kräfte wurden überschätzt,

2. die Kräfte des Feindes unterschätzt,

3. die Informationen der Geheimdienste wurden missachtet und daraus

4. ergab sich eine große Verschwendung von Mensch und Material.

„Das Gruppendenken verschärfte das Problem und fügte sechs weitere Symptome hinzu:

Eine gemeinsame Illusion der Unverwundbarkeit;

kollektive Anstrengungen, an zweifelhaften, aber lieb gewonnenen Annahmen festzuhalten;

ein unkritischer Glaube an die moralische Überlegenheit der eigenen Seite;

die Etikettierung des Feindes als jemand, der zu „böse" ist, um mit ihm zu verhandeln (oder zu schwach, um eine Bedrohung darzustellen);

der kollektive Irrglaube, dass eine Mehrheitsmeinung einstimmig zustande gekommen ist (ausgehend von der irrigen Annahme, dass Schweigen Zustimmung bedeutet);

und selbst ernannte Zensoren, die die Gruppe vor Informationen schützen, die ihren Entschluss ins Wanken bringen könnten (zum Beispiel Berichte von Spionen)." [50]

Doch nicht nur Befehlshaber überschätzen sich. Auch die Bevölkerungen der kriegsführenden Nationen überschätzten sich. *„Der Ausbruch des Ersten Weltkrieges wurde in den Hauptstädten aller beteiligten Nationen mit gewaltiger Begeisterung begrüßt, obwohl viele Politiker das Allerschlimmste befürchteten."* [51]

„Unsere Spezies schwankt zwischen der Sehnsucht nach Frieden und den Versuchungen der Macht." [52]

Was sagt der Evolutionspsychologe Steven Pinker zur Menge der Toten in 1.700 Jahren?

Steven Pinker führt in seinem Buch „Gewalt" in einer Liste die Menge der Todesopfer vom 3. bis zum 20. Jahrhundert auf. In 1.700 Jahren starben durch Eroberungen, Kriege, Aufstände, Ausrottung, Sklavenhandel, vermeidbare Hungersnöte, Bürgerkriege und Religionskriege 389.000.000 Menschen. 53

Was sagt der Demokratie-Index?

Militärische Macht in Demokratien wird zugunsten der Macht des Volkes abgebaut. Doch nach dem Demokratie-Index des Jahres 2019 lebten nur 5,7 Prozent aller Menschen in vollständigen Demokratien. 54

5,7 Prozent der Menschen leben in vollständigen Demokratien in 22 Ländern;

42,7 Prozent in unvollständigen Demokratien in 54 Ländern;

16 Prozent in Hybridregimen (Mischformen) in 37 Ländern;

35,6 Prozent in autoritären Regimen in 54 Ländern;

Was sagt der Sozialpsychologe Philip Zimbardo, wie „gute Menschen böse werden"?

Julie Shaw, eine kanadische Kriminalpsychologin, zitiert in ihrem Buch „Böse. Die Psychologie unserer Abgründe" das „Stanford-Prison-Experiment" des Sozialpsychologen Philip Zimbardo.

„Er führte eines der berühmtesten Experimente aller Zeiten dazu durch, wie „normale Menschen" durch bestimmte Umstände korrumpiert (verdorben) werden können." [55]

Philip Zimbardo´s Grundannahme ist, dass Menschen von Natur aus **nicht** böse sind. Das System schafft Situationen, welche Individuen bösartig handeln lässt.

Eine Gruppe von Studenten wurde eingeladen zu einer psychologischen Studie über das Gefängnisleben.

Zehn Männer bekamen die Rollen der Häftlinge, elf Männern wurden die Rollen des Wärters zugeordnet.

Die Wärter bekamen die Aufgabe, vernünftig Ordnung zu halten, die Mahlzeiten zu verteilen und Arbeits- und Freizeit einzuteilen. Körperliche Strafen und Aggressionen waren verboten. Sie durften die Häftlinge nur mit Nummern ansprechen.

„Nur wenige Stunden nachdem ihnen ihre Rolle zugewiesen worden war, begannen die Wärter, die Häftlinge zu schikanieren. Sie weckten sie nachts um halb drei mit Pfeifen, beleidigten sie und erteilten ihnen lächerliche Befehle." [56]

Am zweiten Tag begehrten die Häftlinge auf und verbarrikadierten sich. Die Wärter rissen die Barrikaden ein, um wieder Ordnung herzustellen.

„Um die Häftlinge für ihr Verhalten zu bestrafen, zogen sie ihnen Säcke über den Kopf und ließen sie Liegestütze und andere erniedrigende

Übungen machen. Der Anführer des Aufstands wurde dann für viele Stunden in die Isolierzelle gesteckt. Die Häftlinge hatten emotionale Zusammenbrüche und einer von ihnen weigerte sich zu essen." 56

Zimbardos Freundin, ebenfalls eine Psychologie-Dozentin, besucht den Zellentrakt. Sie schreit ihren Freund fassungslos an: „Was du mit diesen Jungs machst, ist schrecklich!" Daraufhin wird das Experiment vorzeitig abgebrochen. Philip Zimbardo erkennt: „Ich bin der autoritäre, herrische Machtmensch geworden, dem ich mich mein ganzes Leben entgegengestellt, den ich sogar verabscheut habe." 57

„Während der sechs Tage, die das Experiment dauerte, nahmen die Schikanen und die verbalen Aggression der Wärter stetig zu. Deren Aussagen nach dem Ende des Experiments zeigten, wie schnell sie an den Punkt gelangt waren, die Gefangenen zu entmenschlichen: „Rückblickend bin ich beeindruckt, wie wenig ich für sie empfand"; „Ich beobachtete, wie sie auf unsere Befehle hin aufeinander losgingen"; „Wir waren immer da, um ihnen zu zeigen, wer der Boss war." 58

„Wir beobachteten", so die Autoren, *„wie aus einer Stichprobe normaler, gesunder, männlicher, amerikanischer Collegestudenten eine Gruppe von Gefängniswärtern wurde, die Spaß daran zu haben schienen, ihre Studienkollegen zu beleidigen, zu bedrohen, zu erniedrigen und zu entmenschlichen."* 58

Philip Zimbardo erklärt das Phänomen, dass Menschen in Gruppen sich nicht mehr als eigenständige Individuen erleben. Sie gehen so sehr als Mitglieder einer Gruppe auf, dass sie ihre Individualität aufgeben. Dies wird durch die Uniformen der Gruppen unterstützt.

*„Als einer der Wärter – der nach dem Macho-Schauspieler John Wayne benannt wurde – **begann, sich danebenzubenehmen**, wurde die gesamte Wärtergruppe davon beeinflusst und betrachtete dieses Verhalten **schließlich als akzeptabel**. Und nachdem ein Häftling den Kontrollver-*

lust akzeptiert hatte und sich passiv verhielt, verhielt sich die gesamte Gruppe immer passiver." 59 (Hervorhebung K.W.)

*„Laut Zimbardo sind **die sieben sozialen Prozesse, die den Pfad zur Hölle pflastern"**,* (Hervorhebung K.W.) *folgende:*
1. *Gedankenlos macht man den ersten kleinen Schritt,*
2. *Entmenschlichung der anderen,*
3. *Entindividualisierung des Selbst,*
4. *Streuung der persönlichen Verantwortung,*
5. *blinder Gehorsam gegenüber einer Autorität,*
6. *unkritisches Anpassen an Gruppennormen,*
7. *passive Toleranz gegenüber dem Bösen durch Nichtstun oder Gleichgültigkeit."* 60

Julia Shaw schreibt dazu weiter:

„Wissen ist Macht, und zu wissen, wie leicht wir, ermutigt durch die Gruppen, denen wir angehören, in schlechtes Verhalten verfallen, macht es uns möglich, unsere eigene Radikalisierung zu erkennen und aufzuhalten.

Vergessen Sie nicht, dass Sie den Pfad zur Hölle an jedem Punkt der Strecke verlassen können." 61

In seinem 30 Jahre nach diesem Experiment erschienenen Buch „Der Luzifer-Effekt" schlägt Philip Zimbardo einen Bogen zu den verstörenden Geschehnissen im Gefängnis von Abu Ghraib im Irak während der Besatzung durch die USA. Hier quälten die Wärter die Gefangenen auf sadistische Weise und dokumentierten dies auch.

Zimbardo hat die dortigen Exzesse als Gutachter für die US-amerikanische Regierung analysiert und veröffentlicht. Die Ergebnisse seines Forschungsexperiments hatten sich in der Realität mit den gleichen Mechanismen erschreckend bestätigt.

Mein Fazit:

Ungleichwertigkeiten und Hierarchien fördern sadistisches Verhalten.

Menschen brauchen Gleichwertigkeit untereinander, um Mensch zu bleiben.

II. Wie leben wir jetzt?

4. System: Kleinfamilie

Die Kleinfamilie gibt es erst seit ca. 200 Jahren. Sie ist entstanden im Zuge der Industrialisierung, als die jungen Menschen vom Land in die Städte zogen, um dort Arbeit zu finden. Möglicherweise haben es die jungen Leute damals als Befreiung erlebt, aus den autoritären Strukturen der patriarchalen Großfamilien herauszukommen. In den Städten reduzierte sich das Familienkonstrukt auf zwei Generationen, auf den Vater und die Mutter sowie die Kinder = die Kleinfamilie. Diese lebten analog der Großfamilie in einem Haushalt zusammen. Dieses Grundprinzip hält sich bis heute – und versagt.

Was sagt die Politikwissenschaftlerin Mariam Tazi-Preve zu diesem „Versagen der Kleinfamilie"?

Prof. Mariam Irene Tazi-Preve lehrt Politikwissenschaften und Geschlechterforschung in den USA. In ihrem Buch „Das Versagen der Kleinfamilie" beschreibt sie den Zustand der Kleinfamilie und deren Prägung durch das herrschende Wirtschaftssystem. Ihre Darstellung ist komplex und detailliert. Für ein grundlegendes Verständnis habe ich die wesentlichen Aspekte aus ihrem Buch zusammengestellt.

Wie ist die Situation der Moderne?

Ein Ziel der heutigen Erziehung von Kindern und Jugendlichen ist ihre Autonomie. Der junge Erwachsene soll schließlich unabhängig leben und sich selbständig versorgen können. Eine Rückkehr in den Haushalt der Eltern gilt als unreif, als ein soziales Versagen des jungen Erwachsenen und auch als ein Versagen der Erziehung der Eltern.

Auf diese Weise wird schließlich der Ehe-Partner, bzw. -Partnerin zur einzigen engen Bezugsperson für den emotionalen Rückhalt im unabhängigen Erwachsenenleben. Gesellschaftlich gestattet ist nur eine monogame Partnerschaft. Andere Möglichkeiten erlauben und denken wir in unserer Gesellschaftsordnung nicht. Wenn diese Partnerschaft misslingt, verliert jeder seine „Heimat", seinen Einzigen. Drama! Man ist allein damit, einsam. Der nächste Partner, die nächste Partnerin wird gesucht. Die Geschichte wiederholt sich.

Männer und Frauen gründen heute eine Beziehung auf der Basis von erotischer Anziehung. Es soll aber darüber hinaus die „mütterliche Fürsorge" vorhanden sein, sowie der gefühlsmäßige Rückhalt gegen die harte Arbeitswelt. Gemeinsame finanzielle Verpflichtungen kommen hinzu, wie zum Beispiel durch den Kauf eines gemeinsamen Hauses.

Schließlich die Sorge für die gemeinsamen Kinder, die im Alltag hauptsächlich von den Müttern getragen wird. In solch einem System ist das Auftreten von Spannungen und Überforderungen zwischen den Erwachsenen und zwischen Erwachsenen und Kindern vorprogrammiert.

In matriarchalen Großfamilien ist das „Muttern" eine gemeinschaftliche Aufgabe aller Erwachsenen des Clans. In unserer Kleinfamilie wird die Isolation als Normalität angesehen.

„Statt die Sorge mit anderen zu teilen, üben Mütter ihre täglichen Aufgaben in der „Einzelhaft" der Kleinfamilie und unter genauer Anleitung, wie diese zu bewerkstelligen seien.

Mütterliche Solidarität hat sich in einen „Mutterkrieg" verkehrt, in den Kampf um die „bessere Mutterschaft", in dem Mütter gegeneinander ausgespielt werden. Wie Sarah Blaffer Hrdy zeigt, können Mutter und Kind aber nicht ohne die Fürsorge einer Gemeinschaft gedeihen. Sie vom Rest der Gesellschaft zu isolieren, ist für beide gesundheitsschädlich." 62

Die Betreuung von Kindern rund um die Uhr über viele Jahre überfordert eine Gruppe, die nur aus zwei Erwachsenen und Kindern besteht –

und das ist völlig normal! Im Matriarchat beispielsweise stehen hierfür ca. 10 – 15 Menschen zur Verfügung.

Überforderung durch Isolation und mangelnde Zuwendung von dem einen Partner – der nicht leisten kann, was Freundinnen, Schwestern und Mütter leisten könnten, zermürben die Frau und lassen sie ausbrennen.

Männer beklagen häufig die Unersättlichkeit von Frauen in ihrem Wunsch nach Zuwendung und Aufmerksamkeit. Männer können das Bedürfnis aufgrund beruflicher Überlastung nicht erfüllen. Nur deswegen?

Es fehlen die Personen, die das leisten können. Frauen sehnen sich nach einem umfangreichen Austausch. Mit anderen Frauen?

Trennungsgründe in Partnerschaften sind häufig Konflikte ums Geld - finanzielle Abhängigkeiten erweisen sich nun als belastend anstatt verbindend.

Männer wünschen sich ein mütterliches Heim, welches sie bei ihren Frauen oft nicht finden. Warum? Weil diese mit Organisation und Mutterkrieg beschäftigt sind.

Die „Familienidee" der Moderne gründet sich auf einer Sehnsucht, die der Realität nicht standhält. Die Kleinfamilie war vom Anfang an ein instabiles Konstrukt.

Zuweisungen von Schuld und persönlichem Versagen führen hier in die Irre! Nicht der Einzelne ist beziehungsunfähig. Das System muss an seiner Struktur scheitern.

Die Kleinfamilie hat kein Problem, die Kleinfamilie ist das Problem – entstanden aus den Regeln des Patriarchats.

Weiter an die „Idylle der Kleinfamilie" zu glauben bedeutet, das Patriarchat in uns weiterzutragen.

Es gilt also, „vom Glauben abzufallen".

In ihrer Einleitung schreibt Mariam Tazi-Preve:

„Befasst man sich mit Mutter- und Vaterschaft und der Forschung zur Privatheit, so ist es unvermeidlich, die Nöte und das Leid wahrzunehmen, die Menschen in der gegenwärtigen Familienkonstellation erleben oder in ihrer Kindheit erfahren haben. Dieses Leid äußert sich in westlichen Gesellschaften in

- *Depressionen,*
- *Aggressionen,*
- *Suchtverhalten.*

Die ungestillte Sehnsucht nach Anerkennung und Ganzheit in menschlichen Gemeinschaften verlagert sich nach außen

- *in die Arbeitswelt und*
- *den Konsum,*

wo diese Bedürfnisse befriedigt werden sollen." 63

„Es drängt sich der Verdacht auf, das genau dieses „Nicht-Funktionieren der Kleinfamilie" und seine Folgen, die Sucht nach Konsum, durchaus erwünscht und geplant ist." 64

Davon lebt die Wirtschaft und Wenige bereichern sich maßlos.

„Die Kleinfamilie erweist sich als brüchig. Die Idylle ist nur eine vermeintliche, sie hinterlässt

- *in und außerhalb der Ehe alleingelassene und überforderte Mütter,*
- *in ihrer väterlichen Identität verunsicherte Väter und*
- *Kinder, die ohne das soziale Korrektiv einer Gemeinschaft aufwachsen.*
- *Die engen Eltern-Kind-Beziehungen geraten zu Traumata, wenn Kinder psychischer, physischer oder sexueller Gewalt ausgesetzt sind, die nicht nur gravierende Narben hinterlässt. Sie setzen sich auch fort, wenn diese Kinder selbst Familien gründen."* 65

„Wenn man alle Menschen der Industriegesellschaft, die in irgendeiner Form süchtig oder psychisch beeinträchtigt sind, zusammennimmt, so erweist sich nach Schätzungen Rengglis (1992) etwa die Hälfte als psychisch gestört, entweder offen oder durch irgendeine Form von körperlichen Leiden verdeckt. Das Verlangen nach der Mutter (eine Mutter ist zu wenig, <small>Anmerkung K.W.</small>) *wandelt sich in nie zu stillende Bedürfnisse*

- **die Sucht nach Konsum ersetzt die menschliche Nähe.** <small>(Hervorhebung K.W.)</small>

Dieser universell süchtige Menschentyp ist Motor unserer heutigen (post)industrialisierten Welt.

Es ist diese Sucht nach Konsum, mit welcher wir langsam, aber unerbittlich unseren Planeten plündern." <small>66</small>

... seit 4.500 Jahren. Das sind nur 2,25 % der Menschheitsgeschichte. Das lässt sich doch ändern?

Was ist passiert?

Mit Gedanken aus: Marie-Luise Schwarz-Schilling: „Kampfplatz Liebe.

Wie viel Gleichberechtigung verträgt die Partnerschaft?"

Das Herrschaftsprinzip „Trenne und herrsche" bei Männern

Die Ungleichheit zwischen Männern trat vor 4.500 Jahren auf den Plan der Geschichte. Durch die Einführung von Unterschieden in Hierarchien entstand die Gier nach Mehr. Die Männer leisteten einem Führer Gefolgschaft. Der Wettkampf wandelte sich vom „spielerischen" Wettbewerb zum bitteren Alltagsernst. Durch besondere Leistungen im Sinne des Herrschers konnte der einzelne Mann aufsteigen und sich materielle Güter verdienen. So gehörte er ein wenig mehr zu den Reichen, den

Herrschenden. Sein Kollege und Nachbar wurde dadurch zum Konkurrenten, zum Feind. Ihn auszustechen, war kein Spiel mehr, sondern notwendig, um im Rang etwas nach oben zu kommen. Der Feind wurde nicht im Herrschenden gesehen.

Kriege brachten schneller mehr Reichtümer für die Herrscher als die Arbeitsleistungen der Männer im eigenen Reich. Also schickten die Herrscher ihre Untergebenen in den Krieg. Wie Krieg funktioniert, habe ich erläutert.

Der Krieg unterwarf Jahrtausende lang das männliche, spielerische Kampfstreben einem blutigen, gemeinsamen Ziel. Krieg ist eine Gemeinschaftsleistung – ein Gegengewicht zum „Ich-Kampf", dem Wettkampf im Arbeitsleben.

Um sicher zu stellen, dass dies nicht ausuferte und sich die Krieger gegen den herrschenden Unterdrücker wandten, wurde der Wettkampfdrang auch außerhalb des Kriegsgeschehens durch Hierarchien in Schach gehalten – durch den Vater, den General, den Boss.

Heute - Männer im Arbeitsleben

Heute feuern Vorstände als Patriarchen der modernen Welt den „höher, größer, schneller" Wettkampf an. Geführt wird nach wie vor durch **„trenne und herrsche"**.

Männern wird vorgegaukelt, dass der „Feind" immer noch existiert: der Kollege, der Nachbar, der andere Autofahrer, das andere Unternehmen, der Andersdenkende.

Viele Männer wollen immer noch siegen, herausragen, um zur Elite dazu zu gehören. Dazugehören – das bedeutet heutzutage Anerkennung durch den Chef, Status-Symbole, Bonussysteme, selbst den Posten des herrschenden Patriarchen als Vorstandsmitglied zu erreichen.

Dafür geben Männer alles. Im echten Krieg sogar ihr Leben; im kriegerischen Wettkampf des Arbeitsalltags ihre Werte - und damit ihre Seele.

Auf die Folgen ihres Handelns schauen sie nicht oder nur selten.

Männer lassen es zu, dass man sie auf diese Weise vereinzelt. So bleiben sie bequem beherrschbar. Sie lassen sich durch ihren kulturell geprägten Wettkampfdrang manipulieren, dem heutigen Patriarchen zu dienen und seinen Reichtum zu vergrößern.

Die Begierde

- etwas mehr haben zu wollen als der Nachbar,
- gesehen zu werden,
- Ruhm und Anerkennung zu bekommen,
- gefürchtet zu werden,
- im Licht zu stehen,

kann vor allem im Arbeitsleben und dortigem Wettkampf frei gelebt werden.

Manche Männer erzählen, dass sie ein Überlegenheitsgefühl brauchen, um an einer Arbeit Freude zu haben. Manche junge Männer beschreiben, ohne ständigen Vergleich im Wettkampf miteinander, sei das Leben langweilig für sie.

Männer frohlocken im Sieg. Häufig betreiben sie eine beharrliche Selbstbehauptung. Das „Ich" des Wettkampfes und der Vergleich stehen an erster Stelle.

Heute - Männer privat

Vor 4.500 Jahren waren Herrschende zornig darüber, wenn Frauen mehr als einen Liebhaber hatten. Es war für Männer nicht kontrollierbar und nicht nachvollziehbar, wen die Frau wem vorzog. Es war gefährlich, weil sie diesen Wettkampf nicht entschieden. Sie wollten kontrollieren, vielleicht um den Wettkampf und die Regeln in ihr – patriarchales – Boot zu holen. Sie verboten den Frauen den Beischlaf mit „Fremden" und erfanden die Ehe, mit der sie die Frau einem einzigen Mann unterordneten und sie von ihm abhängig machten. Ich berichtete davon im vorigen Kapitel.

Der ursprüngliche matriarchale Clan ermöglichte die materielle Versorgung aller Mitglieder. Mit der Zerstörung dieser Clans war die Frau auch materiell von einem Mann abhängig.

Sexuelle Leidenschaft und freie Partnerwahl war für die patriarchale Gesellschaft eine große Gefahr. Deswegen wurde sie hierarchischen Regeln unterworfen mit der Ehefrau als Mündel und dem Ende der freien Partnerwahl durch die Frau.

Ehe wurde Gesetz.

Heutzutage will der Mann in der Ehe von der Frau Zuwendung, Wärme, Zuhören, Anerkennung, Kooperation und Sex.

Er gibt dafür die (vermeintliche) Sicherheit der Ehe, Finanzen, Status, Schutz und Sex.

Aufmerksamkeit, Interesse und Bemühen um gleichgewichtige Freiheit für beide im Zusammenleben stehen häufig nicht auf seiner Agenda.

Ein Forschungsergebnis:

Junge Männer wünschen sich heute eine finanziell unabhängige Partnerin. Der dafür zugrundeliegende Erfolg der Frau senkt jedoch **sein** Selbstwertgefühl. **Ihr** Misserfolg bei der Arbeit hebt **sein** Selbstwertgefühl. Sogar wenn beide in verschiedenen, nicht vergleichbaren beruflichen Bereichen arbeiten. [67]

Wenn **sie** erfolgreicher ist als **ihr Mann**, ist sie unbewusst in dem kulturell über Jahrtausende geprägten Wettkampfsystem des heutigen

Mannes eine Rivalin. Die Frau verrät ihren Mann quasi durch eigenen beruflichen Erfolg und hört damit auf, ihrem Ehemann oder Partner „Gefolgschaft" zu leisten. Sie ist so keine Bundesgenossin mehr im Sinne der Ehe.

Frauen heute: Das Herrschaftsprinzip „Trenne und herrsche"

Frauen wird vorgegaukelt, dass das Glück ihres Lebens in der Ehe mit „einem Mann" stattfindet und die „Frucht dieser Liebe" die Kinder sind. Dies ist die kulturelle Prägung von 4.500 Jahren Patriarchat.

Zur Erfüllung dieser Prägungen nimmt die Frau von heute mittlerweile eine 4-fache Belastung in Kauf:

1. Sie zieht die Kinder groß.
2. Sie macht für alle den Haushalt.
3. Sie geht arbeiten.
4. Sie kümmert sich um die sozialen Kontakte, die Freizeitgestaltung der Familie und häufig auch um die Eltern und Schwiegereltern.

Mit dem allseits verbreiteten und gepflegten Konkurrenzdenken, welches die „gute Ehefrau" für ihren Mann mitpflegt, werden so die Nachbarinnen und Freundinnen zu Konkurrentinnen, Neiderinnen und Feindinnen in Bezug auf die Leistung der Frau im patriarchalen Wertesystem. Welche hat den sauberen Haushalt, den ordentlichen Garten? Welche Kinder sind erzogen? Was arbeitet sie? Kann sie ordentlich kochen? ... Mit dieser Haltung wird sie ebenfalls vereinzelt und bleibt so kontrollierbar. Sie lebt in der „Einzelhaft" der Kleinfamilie.

Ein paar Freundinnen gibt es manchmal. Doch sind diese weniger „wert" als der „eine Mann". Was man durchaus daran festmachen kann, dass Freundinnen-Termine immer den Bedürfnissen des Mannes und der Familie nachgeordnet werden. Bei Bedarf werden die Verabredungen spontan verschoben oder abgesagt – was die Freundinnen voll akzeptieren!

Wenn die Frau sich von ihrem Ehemann trennt, lebt sie häufig (mit den Kindern) alleine, sozial isoliert und manchmal verarmt. – Und wer ist dann da und fängt sie auf?

Hollywood, Serien und Liebesromane arbeiten mit dem Bild „Liebe mit dem Prinzen" – der Idylle der Kleinfamilie, wenn man nur den Richtigen gefunden hat, und erhalten den Mythos des „richtigen Partners / Partnerin" so am Leben. Wenn es mit dem einen/der einen nicht geklappt hat, war´s nicht „der/die Richtige" und es wird der Nächste/die Nächste gesucht. Und so weiter. So wird es eine endlose Tragödie und Sucht.

Heute - Frauen im Arbeitsleben

Frauen, die nicht in Prinzipien wie „trenne und herrsche" denken und fühlen, sind zunächst erst einmal Außenseiterinnen. Ihnen geht es häufig um die Sache, nicht um den Sieg gegenüber den Konkurrentinnen. Diese Frauen wollen bei der Arbeit Freude haben und eine angenehme, freundliche Atmosphäre.

- Frauen haben Empathie, sie können sich in andere einfühlen.
- Sie beherrschen Multitasking.
- Ihre Sprachbefähigung ermöglicht eine bessere Kommunikation.

Sie reden miteinander, auch über Emotionen. Sie gestehen sich ihre Gefühle eher ein und reden darüber. Das macht sie umgänglicher als alle Männer und Frauen, die nach „trenne und herrsche" agieren.

Sie betonen weniger hierarchische Unterschiede.

Sie geben nicht an.

Sie halten Neid klein.

Frauen suchen häufig nach allseitiger Zufriedenheit.

Frauen frohlocken im Genuss. Sie streben nach Wohlbefinden.

Freude suchen und Freude zulassen stärkt das Gemeinschaftsgefühl.

Sie schaffen mit Lebenswärme einen Rahmen für das Angenehme in der Familie, mit Freunden, am Arbeitsplatz.

Weibliche Fähigkeiten sind

- Empathie – Einfühlungsvermögen,
- Achtsamkeit,
- Zufriedenheit,
- Abschätzung der Folgen ihres Tuns.

Frauen haben ein Bedürfnis nach Verbundenheit, dem Wir.

Sie haben ein Interesse an einer konkreten Gemeinschaft.

Was wünschen sich Frauen von Männern?

Frauen wünschen sich:

- Interesse an ihrer Person
- Aufmerksamkeit
- Wertschätzung
- Anteilnahme
- Mitgefühl
- Unterstützung
- Fürsorge
- Trost
- Sex und Erotik
- Zugehörigkeit

Das alles können sie dem Mann schenken. Und das möchten sie auch von ihm geschenkt bekommen.

Doch häufig kann es der Partner oder Ehemann nicht schenken.

Warum nicht?

Vielleicht können es die meisten Männer nicht, sind nicht „sozial intelligent"?

Oder sie haben diese Fähigkeiten in 4.500 Jahren Patriarchat = „Kampf um materielle Güter und gegen Konkurrenten" verlernt?

- Wenn sie dem anderen ein Bein stellen, um ihn auszustechen,
- nur auf den eigenen Vorteil bedacht sind, ohne die Kosten zu bedenken,

praktizieren sie kein soziales Miteinander und lernen auch nicht, ohne Gewinndenken zu kooperieren.

Männer lebten und leben in **Hierarchien**. Sie hatten und haben immer einen über sich, der sie abgewertet hat und heute noch abwertet. Vielleicht haben Männer anders als Frauen ein geschundenes Ego. Damit umzugehen - haben sie nur im Modus „Einzelkampf" gelernt. Das ist das Prinzip im Patriarchat, das sie von ihren Vätern und Urvätern übernommen haben.

Männer sind von ihrer Natur entfremdet? Männer spüren sich nicht mehr? Männer funktionieren und leisten nur noch?

Lieben Männer sich selbst?

Oder möchten sie einfach nur eine Frau haben, die sie versorgt?

Erste Wege aus der Isolation:

Was sagt der Soziologe Hartmut Rosa zu unserer Gesellschaft und gelingendem Leben?

Resonanz ist das Geheimnis gelingenden Lebens, wie Hartmut Rosa in seinem Buch „Resonanz – eine Soziologie der Weltbeziehung" darlegt.

Resonanz meint ein dynamisches Geschehen, eine lebendige Antwortbeziehung, ein Aufleuchten der Augen. Der Mensch wird von etwas berührt, bewegt und reagiert. Daraus entsteht eine Schwingung, ein „vibrierender Draht". Die Schwingung des einen Körpers regt die Eigenschwingung des anderen an. Dies kann zu wechselseitiger Verstärkung führen.

Es ist die Begegnung mit einem Anderen, nicht die Verschmelzung zu einer Einheit. Es ist ein Hören und Antworten, nicht Beherrschen und Verfügen.

Wenn wir lieben, was wir tun – der „Leuchtende Augen" Index

- In Resonanz geraten wir, wenn wir **es** lieben, achten und wertschätzen.
- **Es** können sein: Menschen, Ideen, Aufgaben, Räume, Dinge, Werkzeuge, die uns begegnen und mit denen wir zu tun haben.
- Es interessiert uns **um seiner selbst willen**. Nicht um etwas zu erreichen.

Dann fühlen wir uns im Leben getragen, aufgehoben und geborgen. Wir sind in diesem Moment ein „Resonanzkünstler".

Idee: Einen „Leuchtende Augen" Index zum Maßstab für Lebensqualität zu machen.

Menschen wollen Resonanzen erleben und erfahren. Es ist ein menschliches Grundbedürfnis und eine Grundfähigkeit, es zu spüren.

„In Resonanz sein" mit Menschen, Aufgaben und Dingen

- erfordert den Einsatz von Zeit, Aufmerksamkeit, Aktivität und Energie,
- sowie das Sich-Einlassen,
- ist nur möglich, wo Selbstwirksamkeit erfahrbar ist und
- enthält immer den Moment des Unverfügbaren. Das heißt, ich kann es nicht erzwingen.

Resonanz ist möglich in heiterer und freundlicher, gelöster oder bisweilen auch in ernster, ehrfürchtiger oder solidarischer Stimmung.

Berührt und ergriffen zu werden, sein Selbst aufs Spiel zu setzen, bereit sein zur Selbstverwandlung lässt wirkliche innovative und herausragende Leistungen entstehen – ohne Anstrengung und Wettbewerb.

Nicht ein höheres Einkommen, höhere Bildung, bessere Beziehungen, größere Fitness oder Attraktivität machen ein besseres Leben. Diese Ressourcen-Ausstattung für Resonanz wird hier mit Lebensqualität verwechselt.

Das Leben gelingt,

- wenn wir einen Draht zur Welt haben,
- ein fließendes, anschmiegsames Weltverhältnis,
- eine Liebe für Menschen, Ideen, Aufgaben ... um ihrer selbst willen.

Dafür brauche ich nicht viele Ressourcen, aber eine große Bereitschaft, in Resonanz zu treten.

Menschen in sogenannten armen Ländern, ohne Bildung und Geld, scheinen viel mehr zu lachen, zu singen, zu tanzen. Da ist Energie und Lebensfreude.

Der Trick ist, die Reichweite zu verkürzen, nicht weit weg zu fliegen. Sich einfach ins Gras zu legen und zu genießen. Fertig. Im Chor zu singen, Fußball spielen zu gehen. Auf einer kleinen Bank sitzen und nicht etwas tun.

Man kann die Resonanz innerhalb einer Familie daran messen, wie oft sich die Familienmitglieder in die Augen sehen. Menschen, die mit anderen liebevollen Blickkontakt haben, fühlen sich unmittelbar danach viel verbundener mit der Welt.

Doch gerät uns diese „Lebenskunst" aus dem Blick – wir sind viel zu beschäftigt damit, unsere To-do-Listen abzuarbeiten. Tun wir dies nicht, verweigern wir uns den Optimierungsanforderungen, verschlechtert sich unsere materielle Ausgangslage, weil die Verteilung von Ressourcen und Möglichkeiten dem Konkurrenzprinzip folgt.

Die durch Wettbewerb und Beschleunigung bestimmte Steigerungslogik verbessert unsere Ressourcenlage, aber sie untergräbt strukturell die Bedingungen für die Verwirklichung eines guten Lebens in Resonanz und Liebe.

Hartmut Rosa schreibt: *„Moderne Gesellschaften sind dadurch gekennzeichnet, dass sie sich nur dynamisch zu stabilisieren vermögen; sie sind strukturell auf fortgesetzte Steigerung mittels Wachstum, Beschleunigung und Innovationsverdichtung angelegt."* [68]

„Die Steigerungslogik greift dergestalt auf die Lebensführung der Subjekte über, dass diese gezwungen sind, immer schneller zu laufen, nur um ihren Platz in der Welt zu halten." [69]

Dies fördert Entfremdung. Hartmut Rosa definiert **„Entfremdung"** als *„(...) eine spezifische Form der Weltbeziehung, in der Subjekt und Welt einander indifferent (gleichgültig, ohne innere Anteilnahme) oder feindlich und mithin innerlich unverbunden gegenüberstehen. Daher kann*

Entfremdung auch als Beziehung der Beziehungslosigkeit bestimmt werden.

Entfremdung definiert damit einen Zustand, in dem die „Weltanverwandlung" misslingt, so dass die Welt stets kalt, starr und abweisend erscheint.

Depression / Burnout heißt der Zustand, indem alle Resonanzachsen stumm und taub geworden sind. Man „hat" beispielsweise Familie, Arbeit, Verein, Religion etc., aber sie „sagen" einem nichts. Es findet keine Berührung mehr statt. Welt und Subjekt erscheinen gleichermaßen als bleich, tot und leer." 70

*Wir operieren heute in dem „(...) dominant gewordenen **Alltags-Bewältigungs-Verzweiflungs-Modus*** (Hervorhebung K.W.), *in dem uns die Welt der Menschen und der Dinge als stumm, als kalt, als gleichgültig oder feindlich begegnet. Sie wiederum zum Sprechen oder gar Singen zu bringen liegt nicht allein in unserer Macht, aber es liegt auch nicht einfach außerhalb unserer Macht.*

Wir können an der Qualität unserer Weltbeziehung noch heute zu arbeiten beginnen; individuell am Subjektpol dieser Beziehung, gemeinsam und politisch am Weltpol.

Eine bessere Welt ist möglich, und sie lässt sich daran erkennen, dass ihr zentraler Maßstab nicht mehr das Beherrschen und Verfügen ist, sondern das Hören und das Antworten." 71

Was sagen „Positive Psychologen" zu gelingendem Leben?

Die „Positive Psychologie" ist eine Forschungsrichtung, die untersucht, wie Menschen aufblühen und in ihre Kraft kommen.

5 Säulen des Wohlbefindens wurden erarbeitet.

1. Menschen brauchen viele **positive Gefühle**. So gewinnen sie Lebenskraft, Intelligenz, Kreativität und Gesundheit.
2. Menschen tut es gut, sich zu **engagieren** und häufig im **„Flow"** zu sein.
3. Menschen brauchen **Sinn** in ihrem Tun – zu etwas zu gehören und etwas zu dienen, das wir als größer als unser Ich einschätzen.
4. Menschen lieben es, Dinge zu tun, die sie gut können. Menschen suchen **Erfolg, Leistung und Könnerschaft** um ihrer selbst willen, nicht um des Gewinns, des Hervorstechens willen.
5. **Positive Beziehungen** sind das beste Gegenmittel gegen die Betrübnisse des Lebens, und sie sind die verlässlichste aller Aufmunterungen.

Die Positiven Psychologen haben einen **Charakterstärkentest** entwickelt, der über die Universität in Zürich kostenfrei genutzt werden kann unter der Adresse wwww.charakterstaerken.org. Der Test heißt VIA – values in action. Sie loggen sich ein mit einer E-Mail-Adresse und einem Passwort.

24 Charakterstärken werden in einer individuellen Rangreihe ausgerechnet. Die Empfehlung lautet, mit den 5 intensivsten Charakterstärken die „5 Säulen des Wohlbefindens" zu durchdenken.

Wie kann ich mit meinen 5 Charakterstärken mehr positive Gefühle aufbauen, Flow und Engagement leben, Sinn erfahren, Könnerschaft,

Erfolg, Zielerreichung und Selbstwirksamkeit leben und positive Beziehungen aufbauen? **Damit kann ich mir ein eigenes Lebenskonzept gestalten.**

Eine intensivere Arbeit ist möglich zum Thema: **Aufbau positiver Gefühle.**

Martin Seligman, Vorsitzender der amerikanischen Psychologenvereinigung, bemerkt, dass wir zu viel über das nachdenken, was schiefgehen könnte. Verantwortlich macht er dafür unser „katastrophisches Gehirn". Wir haben als Menschen überlebt, weil unsere Vorfahren auf die Dinge geachtet haben, die schiefgehen konnten. Heute ist diese Vorsicht im konkreten Alltag nicht mehr notwendig.

Bei den meisten Menschen arbeitet immer noch das „katastrophische Gehirn". Es lässt sich ändern.

Barbara Fredrickson, ein Genie unter den Positiven Psychologen, analysierte, dass Menschen die Häufigkeit und Dauer positiver Gefühle steigern und unangemessene negative Gefühle reduzieren können. So bringen sie ihr Wohlbefinden in eine Aufwärtsspirale. Damit kann Kraft gesammelt werden, um Probleme und Krisen stärker zu bewältigen.

Eine einfache Methode für die Aufwärtsspirale ist, sich abends 10 Minuten Zeit zu nehmen, den Tag zu reflektieren und aufzuschreiben: **„Was ist heute gut gelaufen?"**

Damit lernt das Gehirn, sich auf die positiv verlaufenden Dinge des Tages zu konzentrieren.

Weiterführend kann man mit dem Partner und eventuell mit den Kindern diese positiven Erlebnisse teilen. Das gemeinsam sich daran erfreuen erzeugt **„Mikromomente von Positivitätsresonanz"**. Kleine Momente, in denen wir in Freude miteinander schwingen und uns berühren. Eine Form von Liebe.

In einer weiteren Methode hierzu überlegte ich mir zu den folgenden **10 positiven Gefühlen** Tätigkeiten, die diese Gefühle bei mir auslösen. Diese Tätigkeiten werden in den Alltag integriert, zum Beispiel in einem Monatsplan.

Wie kann ich folgende Gefühle gewinnen und verstärken?

1. Freude und Glück
2. Dankbarkeit und Anerkennung
3. Heiterkeit, Zufriedenheit und innerer Frieden
4. Interesse, Wachsamkeit und Neugier
5. Hoffnung, Optimismus und Unterstützung durch andere
6. Stolz, Zuversicht und Selbstvertrauen
7. Vergnügen, Fröhlichkeit und Ausgelassenheit
8. Inspiration und Erhabenheit
9. Ehrfurcht, Staunen und Bewunderung
10. Liebe, Nähe und Vertrauen

Was sagt der „Flow" Forscher Mihaly Csikszentmihalyi?

Das **„Flow-Konzept"** des Psychologen Mihaly Csikszentmihalyi hat zum Ziel, Freude an den eigenen Handlungen zu erleben und damit Ordnung im Bewusstsein zu schaffen. **Flow** ist das Gefühl, voller Kraft begeistert etwas zu tun. Die Freude hängt nicht davon ab, was ich tue, sondern **wie** ich etwas tue.

Um das Leben zu verbessern, kann ich die Qualität der Erfahrungen verbessern. Wie kann ich im Alltag die Tätigkeiten, die ich tagaus, tagein erlebe, mit Freude füllen? Wie kann ich die Qualität der Erfahrungen verbessern? Wie kann ich das lieben lernen, dass ich täglich tue?

Flow ist die enge Interaktion mit etwas anderem, auf das ich mich vollständig konzentriere; eine sich selbst genügende Tätigkeit, ohne künftigen Vorteil.

8 Komponenten beinhalten Flow:

- Wir fühlen uns der Aktivität gewachsen. Die Herausforderung und unsere Fähigkeiten passen zusammen.
- Wir sind fähig, uns vollständig auf die Aktivität zu konzentrieren. Wir sind so in die Tätigkeit vertieft, dass sie spontan, fast automatisch wird, das Gefühl scheinbar müheloser Bewegung.
- Die Aktivität hat deutliche Ziele. Wir wissen, was wir tun müssen, um das Ziel zu erreichen. Dadurch ist Konzentration möglich.
- Die Aktivität hat unmittelbare Rückmeldung. Wir wissen oder erfahren, wann wir etwas richtig oder falsch gemacht haben.
- Wir haben das Gefühl der Kontrolle über die Aktivität.
- Unsere Sorgen um uns selbst verschwinden. Die Bewusstheit von uns selbst geht verloren. Wir sind einfach. Wir handeln mit einer tiefen und mühelosen Hingabe.
- Auch vorübergehend zu vergessen, wer wir sind, scheint recht angenehm zu sein.
- Unser Gefühl für Zeitabläufe ist verändert. Wir nehmen die Zeit nicht wahr.

Entropie – Die Unordnung des Bewusstseins

Im Gegensatz zur allgemeinen Annahme ist der Normalzustand des Geistes chaotisch. Sich selbst überlassen, ohne Anforderungen an die Aufmerksamkeit, enthüllt sich die grundsätzliche Unordnung des Geistes. Im normalen Alltagsleben werden wir zur „Beute" von Gedanken und Sorgen, die ungewollt ins Bewusstsein dringen. Wenn man nicht weiß, wie man seinen Gedanken Befehle erteilen kann, (z.B. durch Meditation) wird die Aufmerksamkeit von dem Thema angezogen, was momentan am problematischsten erscheint. Sie konzentriert sich dann auf einen echten oder vermeintlichen Schmerz, alten oder frischen Groll oder hartnäckige Frustrationen.

Der Normalzustand des Bewusstseins ist Entropie – ein Zustand, der weder nützlich noch angenehm ist.

Um diesen Zustand zu vermeiden, sind die Menschen gewöhnlich darauf bedacht, ihre Gedanken mit allen möglichen zur Verfügung stehenden Informationen zu füllen, solange diese die Aufmerksamkeit vom Inneren und den negativen Gedanken ablenken. Das erklärt, warum so ungeheuer viel Zeit beim Fernsehen und im Internet verbracht wird, obwohl man es selten genießt.

Flow bei der Arbeit

Handlungsmöglichkeiten erkennen, Fähigkeiten entwickeln, sich auf die Tätigkeit konzentrieren zu können und sich erlauben, sich in dem Prozess zu verlieren. So kann das Selbst gestärkt aus der Arbeit hervorgehen und so kann Arbeit erfreulich werden.

Je mehr eine Tätigkeit innerlich einem Spiel ähnelt – mit Vielfalt, angemessenen, flexiblen Herausforderungen, deutlichen Zielen und unmittelbarer Rückmeldung – umso vergnüglicher wird sie.

Die Verschwendung von Freizeit

Arbeit ist leichter zu genießen als die Freizeit, weil Arbeit, wie Flow-Aktivitäten, durch eingebaute Ziele, Rückmeldung, Regeln und Herausforderungen organisiert ist. Diese Struktur wirkt darauf hin, dass man sich auf die Arbeit konzentriert und sich in ihr verlieren kann.

Freizeit hingegen ist zunächst einmal unstrukturiert.

Es kostet viel mehr Mühe, sie zu etwas zu gestalten, das man genießen kann, da man es alleine und nur für sich selbst tun (muss).

- Hobbys, die eine gewisse Geschicklichkeit erfordern,
- Gewohnheiten, die Ziele und Grenzen setzen,
- persönliche Interessen und
- besonders Selbstdisziplin

helfen, die Freizeit zu dem zu machen, was sie eigentlich sein soll – eine Chance zur Erholung. Doch allgemein versäumen die Menschen in ihrer Freizeit die Gelegenheiten zum Genuss noch gründlicher als bei der Arbeit.

Flow-Erfahrungen, die aufgrund des Einsatzes von Fähigkeiten eintreten, führen zu psychischem Wachstum. Passive Unterhaltung führt zu Frustration und nirgendwohin.

Was sagt der Zukunftsforscher Matthias Horx, was Liebe ist?

Matthias Horx beschreibt in seinem Buch „Future Love – Die Zukunft von Liebe, Sex und Familie" „das Patchwork der Liebe":

„Menschliche Liebe und Verbundenheit hat unzählige Facetten und kulturelle Ausformungen.

1. *Eros: Anziehung, Lust, Begehren;*

2. *Ludus: das Spiel, der Flirt, das amouröse Theater, das Necken;*

3. *Mania: Besessenheit, Abhängigkeit, Transzendenz, Gottesliebe;*

4. **Pragma**: *die praktische, rationale Zuneigung,*
   das gemeinsame Leben, der Alltag und seine Bewältigung,
   Beziehung – die Kunst des Verhandelns, des Ausgleichs, der ge-
   genseitigen Anerkennung und des Respekts.

5. **Philia und Storge**: *Freundschaft, Zuneigung,*
   besondere Verbundenheit, seelische Empathie,
   Menschengruppen gemeinsamen Geistes, Mensch und Tier;
   gegenseitiges Kümmern, Sympathie,
   Vertrauen durch gegenseitiges Erkennen, Beobachten und Hel-
   fen.

6. **Agape**: *die Aufopferung, die dienende Zuneigung, die spirituelle*
   Bindung, Hingabe." [72]

5. Und jetzt? ..... Frauenzentrierte Gesellschaften?

1. Was können wir aus den Erfahrungen der vier sozialen Systeme der Menschheit über 202.000 Jahre lernen?

1.1 Was hat **nicht gut** funktioniert in den letzten 4.500 Jahren?

Die Einführung des **Privateigentums** hat die Gier nach „mehr" ausgelöst.

Vererbt wurde vom Vater an den Sohn. Titel wurden vererbt.

Die Gewalt eines Herrschers mit seinem Bündnis konnte Menschen unterwerfen.

Wer die Macht hatte, konnte ungestraft töten. Aggressivität hatte Erfolg. Menschenopfer wurden möglich.

Ungleichwertigkeit wurde durch **Hierarchien** eingeführt und schaffte **Konkurrenz.**

Hierarchien können **sadistisches Verhalten** auslösen.

Frauen, Männer, Völker, Tiere und die Erde wurden **ausgebeutet** – Lebewesen, die sich nicht wehrten, keine Aggressionen zeigten, waren nichts wert in dem System.

Die Frau hatte dem Mann zu dienen. Sie wurde aus ihrer Gemeinschaft herausgerissen und zur Monogamie gezwungen.

Die Solidarität unter Frauen wurde ausgelöscht durch die Einführung der Kategorie „ehrbare Frau" und „ehrlose Frau".

Männerarbeit galt als **höher und edel** (Hirtentum, Krieg), Frauenarbeit galt als **niedrig und unrein.**

Heute sind Depressionen, Burn-out, Aggressionen und Suchtverhalten weit verbreitet. Die Menschen leben im **Alltags-Bewältigungs-Verzweiflungsmodus** – jeder für sich alleine!

Entfremdung greift um sich. Menschen und Dinge werden als stumm, kalt, gleichgültig, und vor allem als feindlich erlebt.

Mütter leben in der Isolation und **„Einzelhaft" der Kleinfamilie** und liefern sich eher einen „Mutterkrieg" um die beste Mutterschaft als sich gegenseitig in der Bewältigung des Mutter-Seins zu unterstützen.

Die ungestillte Sehnsucht nach Anerkennung und Ganzheit in menschlichen Gemeinschaften ist aber ja noch da. Diese Sehnsucht nach menschlicher Nähe versuchen die Menschen heute durch Erfolg in der Arbeitswelt und durch Konsum zu übertünchen. **Davon lebt die Wirtschaft.**

Die Sucht nach Anerkennung führt zu grenzenloser Expansion und Maximierung: höher, schneller, mehr. Dies beherrscht die Wirtschaft und ruiniert unseren Planeten.

1.2 Was hat **gut funktioniert** 197.500 Jahre lang in mutterzentrierten und matriarchalen Gesellschaften?

Gleichwertigkeit:

Die Frauen achteten auf die gleiche Verteilung der materiellen Güter (Gemeinschaftsökonomie). Sie verwalteten und verteilten die lebensnotwendigen Güter wie Land, Häuser und Nahrungsmittel.

Vererbt wurde von der Mutter an die jüngste Tochter.

Die Frauen kümmerten sich gemeinsam mit anderen Frauen um die sozialen Angelegenheiten der Gemeinschaft; dass es allen gut ging und alle versorgt waren.

Sie unterstützten sich bei der Geburt, der Kinderbetreuung und allen sozialen Angelegenheiten.

Die Frauen waren in starker **Solidarität** miteinander verbunden.

Entscheidungen wurden gemeinsam getroffen: im **Konsens**.

Die Liebesbeziehungen waren frei und unabhängig von der sozialen und materiellen Gemeinschaft. Es gab die „Besuchsehe" oder Partner lebten als Gäste in der Gemeinschaft mit.

Die Gemeinschaften unterstützten sich gegenseitig. Alle Menschen waren gleichwertig und lebten in **Kooperation** miteinander – ohne Konkurrenz.

Es herrschte **Frieden**.

Frauen, Männer, Kinder, alle Völker und die Natur hatten einen **Wert, der nicht verteidigt werden musste** und waren geschützt.

2. Was können gute Ziele sein?

„Wir sorgen füreinander und teilen miteinander."

Eine gesunde Erde.

Frieden und Wohlstand für alle Menschen auf der Welt.

Kooperation zwischen den Einzelnen und den Geschlechtern ohne Konkurrenz – Gleich –Wert (-igkeit)

3. Was brauchen wir Menschen?

Kinder brauchen mehrere Mütter und Väter, um stabil aufzuwachsen.

Jeder Mensch braucht **eine stabile Gruppe** für die materielle und soziale Versorgung ein Leben lang **und** Liebesbeziehungen.

Frauen brauchen Frauen – und Männer.

Männer brauchen Männer – und Frauen.

Menschen brauchen Gleichwertigkeit untereinander;

Kooperation statt Konkurrenz und Hierarchien.

Menschen sollten schenken, nicht leisten müssen.

4.1 Was können Frauen gut?

Frauen können gut Probleme im Gesamtzusammenhang erfassen und lebensnah managen.

Frauen können gut wirtschaften, ohne große Risiken einzugehen. Frauen verschaffen sich den Zugang zu den materiellen Gütern und verteilen diese gerecht.

Frauen sind sozial intelligent. Sie regeln die sozialen Belange der Lebens- und Wirtschaftsgemeinschaften. Sie bauen wieder eine starke Solidarität untereinander auf. Sie können in Resonanz miteinander gehen.

Frauen kümmern sich um die Geburtshilfe, die Betreuung der Kinder sowie die sozialen Angelegenheiten.

Frauen kümmern sich um die Friedensicherung durch Kommunikation miteinander, dem Verhandeln bei Krisen unter Vermeidung von verbaler und körperlicher Gewalt.

4.2 Was können Männer gut?

Männer können fokussiert Detailprobleme abstrakt lösen – und helfen Frauen, nicht im Kreis zu denken.

Männer sind die Delegierten zwischen den Gruppen und stärken diese.

Männer wirken als die politischen Vertreter nach außen und unterstützen den Frieden. In Krisen behalten sie den Überblick und können gut entscheiden.

Männer sind die sozialen Väter der Kinder und kümmern sich um deren Betreuung.

5. Wie können wir es umsetzen?

5.1 Wie können „frauenzentrierte Gemeinschaften" aufgebaut sein?

Eine Gemeinschaftsökonomie mit Entscheidungen über die Verteilung der Güter wird von Frauen eingeführt und verwaltet.

In unserer jetzigen Gesellschaft ist das **Modell der „Altersklassengesellschaft"** leichter einzuführen als das „matriarchale Modell" mit der Blutsverwandtschaft. Zur Gruppe gehört, wer gerade anwesend ist. Die Gruppen sind durchlässig. Einzelne können wechseln. **Alle sind gleichwertig.**

Grundlagen der Menschen untereinander sind **Friedfertigkeit, Toleranz und Kooperation.**

Gelebt werden **Pragma**: die praktische, rationale Zuneigung,

das gemeinsame Leben, der Alltag und seine Bewältigung,

Beziehung – die Kunst des Verhandelns, des Ausgleichs, der gegenseitigen Anerkennung und des Respekts.

Gelebt werden **Philia und Storge**: Freundschaft, Zuneigung, besondere Verbundenheit, seelische Empathie,

Menschengruppen gemeinsamen Geistes, Mensch und Tier;

gegenseitiges Kümmern, Sympathie,

Vertrauen durch gegenseitiges Erkennen, Beobachten und Helfen.

Möglichkeiten, dass Frauen und Männer in getrennten Räumen sich austauschen können, sind vorhanden. Austausch der Meinungen wird durch Delegierte hin und her getragen, bis ein Konsens erreicht ist.

Es besteht eine gemeinschaftliche Verantwortung der Männer und der Frauen einer Gruppe für die Kinder.

Liebesbeziehungen sind frei und haben nichts mehr mit materieller Abhängigkeit zu tun. Gelebt wird **Ludus**: das Spiel, der Flirt, das amouröse Theater, das Necken sowie **Eros**: Anziehung, Lust, Begehren.

Die Menschen kennen ihre Stärken, engagieren sich, sind häufig im Flow, tun die Dinge, die sie gut können, erleben viele positiven Gefühle und positive Beziehungen.

Menschen gehen in Resonanz miteinander und mit Dingen, die sie lieben. Es wird gelacht, gesungen und getanzt. Energie und Lebensfreude stehen im Vordergrund.

Es gibt ein gemeinschaftliches Engagement für die Wiedergeburt alles Lebendigen, das immer geschützt wird.

Viele Feste der Gemeinschaften werden untereinander gelebt. Wer den größten Wohlstand im Moment hat, lädt die anderen ein. Teilen anstatt anhäufen! Weil man sich darauf verlassen kann, dass man immer versorgt ist!

Ein Beispiel aus Brasilien

Das Dorf Noiva do Cordeiro besteht aus 350 Bewohnerinnen und Bewohnern, die in 80 Häusern leben.

Es gibt keine Hierarchien und Privilegien. Jede Frau macht, was sie liebt. Keine reduziert sich auf einen Job.

Flavia, 34, ist Sprecherin, Dramaturgin, Feldarbeiterin und Bandmanagerin.

Vilma, 42 verkauft Burger und betreut einmal in der Woche Kinder.

Leia, 48, organisiert die Feldarbeit – wie auch die Mandarinenernte und das Holzfällen. „Andernorts würde man sie Chefin nennen, „aber bei uns gibt es keine Chefin", sagt sie lachend. „Ich übernehme die Organisation einfach, weil es mir gefällt."

Überhaupt kennt der Ort weder Rangordnung noch gestaffelte Bezahlung. Jede Arbeiterin erhält 220 Euro. „Aber viel geben wir davon wieder in die Gemeinschaft", sagt Leia. „Um einen Traktor zu kaufen oder Computer."

Mittags trifft man sich im Gemeinschaftshaus, in dem alle Bewohner zusammen kochen und spielen.

Die Kinder gehen nicht in die Krippe, sondern werden reihum von Familien betreut, damit die Mütter arbeiten oder sich ausruhen können.

Um die Alten kümmern sich nicht Pfleger, sondern wechselweise Nachbarn.

Streitfälle klären die Bewohner im Kollektiv auf der Theaterbühne am Samstagabend.

Die Schule wird von Eltern geleitet, aber die Lehrer dort arbeiten ohne Lohn.

Flavia sagt: „Ich liebe meinen Mann. Aber die Liebe zu meiner Gemeinschaft und meinen Frauen hier ist stärker."

Gelebt wird Nächstenliebe. Über allem stehen: Respekt, Toleranz und Schwesternschaft.

Nego, ein Mann sagt: „Jetzt ist die Zeit der Frauen. Unser Leben hat sich seitdem sehr verbessert. Frauen sind geeigneter für die Politik. Sie stellen das Gemeinwohl in den Mittelpunkt, nicht den Kampf, die Ellbogen."

Flavia sagt: „Wir denken nicht individualistisch. Uns geht es als Einzelnen nur gut, wenn es allen gut geht."

Keiner zieht hier je weg. [73]

5.2 Wie können Unternehmen, Betriebe und Organisationen aufgebaut sein?

Die Gallup-Organisation ist eines der führenden Markt- und Meinungsforschungs-Institute mit Sitz in Washington, D.C., USA. Gallup führt jährlich eine Umfrage zum Motivationsstand der Beschäftigten in vielen Ländern der Welt durch.

Die Ergebnisse für 2019 in Deutschland sind seit vier Jahren konstant.

69 Prozent der Beschäftigten machen Dienst nach Vorschrift.

16 Prozent der Mitarbeiter haben innerlich gekündigt.

15 Prozent der Mitarbeiter haben eine hohe emotionale Bindung an ihr Unternehmen, das heißt, sie arbeiten mit Herz, Hand und Verstand.

97 Prozent der Chefs halten sich für eine gute Führungskraft.

Das heißt, 85 Prozent aller Mitarbeiter sind unzufrieden mit ihren Führungskräften. Fast alle Führungskräfte (97 Prozent) sind sich ihrer Defizite nicht bewusst und halten sich für gut.

Die Wünsche der Mitarbeiter und die Wirklichkeit in deutschen Unternehmen klaffen demnach besonders weit auseinander.

Gallup definiert die Aufgabe einer Führungskraft, die individuellen Leistungspotenziale der Mitarbeiter freizusetzen und zur Entwicklung des Einzelnen beizutragen. Es gilt herauszufinden, was ein Mitarbeiter gut kann und mag, wie er dementsprechend eingesetzt werden kann. Dies lässt sich am besten in Gesprächen herausfinden. Diese finden in der Realität kaum statt.

Mitarbeiter wollen das Gefühl haben, dass sie von ihrem Chef wahrgenommen und individuell gefördert werden. Sie wollen dazulernen und sich weiterentwickeln.

Die Möglichkeit, das zu tun, was man richtig gut kann ist fünfmal wichtiger als das Gehalt.

Entscheidend sind außerdem eine herausfordernde, abwechslungsreiche und als sinnvoll empfundene Tätigkeit und die Kollegen. Doch oftmals wird nicht miteinander, sondern eher gegeneinander gearbeitet.

Marco Nink, regionaler Leiter für Forschung und Analytik in EMEA sagt zu den Beschäftigten, die innerlich gekündigt haben: „Häufig sind unter diesen Mitarbeitern viele fähige Personen, die man nicht verlieren möchte – zum Beispiel Talente, Leistungsträger oder Fachexperten. Innere Kündigung ist das Ergebnis schlechter Führung und im Unternehmen ein hausgemachtes Problem." [74]

Eine Lösung dieses Dilemmas wäre, Führung abzuschaffen.

Denkbar ist, autonome Arbeitsgruppen einzuführen, die sich selbst regulieren. Wenn es keine Hierarchien mehr gibt, fällt auch die Konkurrenz weg. Kooperation wird möglich und unbedingt notwendig! Sonst geht die Sache nicht voran. Alle verdienen das Gleiche. Dann kann jeder die Arbeit finden, die zu seinen Fähigkeiten passt.

In Gruppen können sich Menschen Rückmeldung geben, welche Potenziale sie bei den anderen sehen und sich gegenseitig in ihrer Entwicklung fördern. Das geht nur, wenn man keine Angst um seinen Platz haben muss – also in einer Struktur ohne Hierarchie mit gleichem Gehalt.

Die Gruppen wählen Delegierte, die den Austausch mit anderen Arbeitsgruppen bewerkstelligen.

Gruppen sind nicht größer als 150 Mitarbeiter.

Gearbeitet wird in heiterer, freundlicher und bisweilen gelöster Stimmung oder auch in ernster und ehrfürchtiger und solidarischer Stimmung. Damit wird Resonanz möglich.

In Resonanz mit Menschen und Dingen zu sein, lässt innovative und herausragende Dinge entstehen, die für die Gemeinschaft gut sind, ohne Anstrengung und Wettbewerb.

Maximale 30 Stunden Arbeitszeit für alle.

Einsatz nach persönlichen Stärken und der Notwendigkeit, was zu tun ist.

Solidarität und gemeinschaftliches Handeln in Zeiten der Corona-Pandemie wären ein wesentlicher Anfang. Hamsterkäufe sind die moderne Variante des Hortens!

5.3 Was ist noch wichtig?

Matriarchale und mutterzentrierte Prinzipien können aktiviert werden – im Kleinen und im Großen.

Das „Hollywood-Modell" wird abgebaut. Nicht **der eine Mann** bringt der Frau das Glück auf Erden und umgekehrt.

Vielmehr die soziale und materielle Gemeinschaft mit Frauen – und Männern auf der Basis von Freundschaften.

Diese Gemeinschaft ermöglicht den Kindern ein behütetes und stabiles Zuhause.

Jeder kann Liebesbeziehungen unabhängig vom Alltag zusätzlich frei leben.

Wesentlich ist, dass Frauen und Männer wieder ihren Selbstwert finden (nicht ihr Ego) und ihren Stolz auf ihre Fähigkeiten gewinnen, und das Konkurrenzdenken, das Besitzdenken und die Eifersucht ablegen.

Frauen hören mit der Überbewertung **des einen Mannes** auf. Er ist ein Mensch, kein Held, kein Retter, kein Glücksbringer. Das entlastet den Mann, weil er nicht überhöht wird, keine übermenschlichen Dinge leisten muss, keine unrealistischen Erwartungen erfüllen muss. Kein Wettkampf beherrscht die Partnerschaft. Er kann sich auf sein Sein konzentrieren.

Frauen hören mit der Abwertung von anderen Frauen und Eifersucht auf die „Hübschere" auf. Sie sind Menschen und können Freundin und Schwester sein – keine Konkurrentinnen im Wettkampf um den einen Mann.

Frauen lernen, die Qualität ihrer Kontakte zu anderen Frauen bewusster wahrzunehmen. Wie geht es mir in Gesprächen mit Frauen über meine Themen? Fühle ich mich verstanden, gewärmt und beschützt? Tun die Gespräche mir gut?

Ist vorstellbar, sich gegenseitig
- Interesse
- Aufmerksamkeit
- Wertschätzung
- Anteilnahme
- Mitgefühl
- Unterstützung
- Fürsorge
- Trost und
- Zugehörigkeit

zu schenken?

Könnte es dann vorstellbar werden, in einer Gemeinschaft von Frauen mit diesen sozialen Fähigkeiten, dass
- Aufgaben besser bewältigt werden,
- Probleme umfassender gelöst und
- Ziele leichter erreicht werden können,

in der warmen Atmosphäre einer Gruppe von Freundinnen oder Kolleginnen?

5.4 Wie können „frauenzentrierte Prinzipien" in Beziehungen gestaltet werden?

Frauen, die in einer Beziehung mit einem Mann leben

Das Paar verabredet, wann gemeinsame Zeit stattfindet und wann jeder Zeit für sich, für eigene Interessen und Freunde hat.

Freundinnen treffen sich häufiger und besprechen all ihre Alltagsthemen miteinander. Und nicht nur die Frage – „Was muss ich tun, damit er ... macht?"

Aus Pragma kann Philia und Storge werden.

Der Partner wird dann wieder zum Liebhaber. Beide machen schöne Sachen miteinander, unabhängig vom Alltag, ohne Leistungsgedanken. Und leben Ludus und Eros. Eine gute Anleitung dazu findet sich in dem Buch „Soul Sex" von Eva-Maria Zurhorst.

Frauen, die Kinder haben möchten

Frauen, die Kinder wollen, schließen sich mit Freundinnen zusammen und entscheiden, welche Männer sie dazu nehmen möchten als Brüder und Freunde. Mit diesen Männern findet kein Sex statt. Diese Männer möchten in der Gemeinschaft mit die Verantwortung für die Erziehung der Kinder tragen und in einer sozialen und materiellen Gemeinschaft leben. Sie leben gemeinsam Pragma, Philia und Storge.

Jede dieser Frauen und jeder dieser Männer hat Liebespartner/innen außerhalb dieser Lebensgemeinschaft. Für Ludus und Eros. Diese können Gäste in der Familie sein. Damit werden eventuelle Liebesdramen nicht zum Gift für die Gemeinschaft.

Dann werden ältere Menschen als Unterstützer+innen, Begleiter+innen und Berater+innen gesucht.

In solch einer Gemeinschaft ist geballte Kompetenz zu fast jedem Thema in jeder Altersklasse vorhanden.

Mit diesem Wissen, den Fähigkeiten und Fertigkeiten ist die Gemeinschaft stabil und kann lebendig und glücklich sein.

Alle fühlen sich verantwortlich dafür, achtsam mit den Lebewesen, der Natur und der Erde umzugehen und sich dafür einzusetzen.

Menschen, die alleine leben - Singles

Menschen, die alleine leben, suchen sich Freund+innen für Pragma, Philia und Storge. Denkbar ist die Installation von Börsen im Internet oder Anzeigen in lokalen Zeitungen. „Gründe eine frauenzentrierte Lebens- und Wirtschaftsgemeinschaft – wer hat Interesse, mitzumachen?"

Heide Göttner-Abendroth merkte an, dass eine spirituelle Verbindung in solch einer Gruppe zur Stabilisierung beitragen kann. Es braucht ein gemeinsam anerkanntes Ziel, dem man sich verbunden fühlt. Menschen, die sich beispielsweise auf Anregung von Greta Thunberg für das

Wohl der Erde einsetzen möchten, haben eine verbindende Vision. Jeder kann zu diesem Thema mit seinen Charakterstärken einen Beitrag leisten.

5.5 Worum geht es?

- Es geht darum, dass alle Menschen - Frauen, Männer und Kinder - gut leben können, nicht um Leistung und Gewinnmaximierung.
- Es geht darum, dass die Erde wieder gesund wird, nicht weiter ausgebeutet wird und nicht weiter ein Ort der Ausbeutung von vermeintlich schwächeren Menschen und Lebewesen ist.
- Es geht darum, Liebe selbst zu lernen – in all ihren Facetten.
- Es geht darum, sich lieben zu lernen.
- Es geht darum, andere Menschen lieben zu lernen.
- Es geht darum, die Erde, die Tiere und Pflanzen lieben zu lernen.

Was ich liebe, schütze ich, hege und pflege es.

„Eine Untersuchung in den USA ergab, dass 45 Prozent der Menschen mit einem Vermögen von mehr als einer Million Dollar (das Haus nicht mit eingerechnet) sich darüber Sorgen machen, dass ihnen vor ihrem Tod das Geld ausgehen könnte.

Ein Drittel von denen, die mehr als fünf Millionen besitzen, plagt dieselbe Sorge." 75

In frauenzentrierten Gemeinschaften unterstützen die Menschen sich sozial und materiell. Da entstehen solche Sorgen erst gar nicht.

Wenn solchen Menschen soziale Gemeinschaften angeboten werden, in denen sie leben und wieder Vertrauen gewinnen können, vielleicht spenden sie dann das Geld für soziale Projekte und den Klimaschutz?

Konkrete Möglichkeiten

Ich entwickle meinen Selbstwert, gewinne wieder den Stolz darauf, eine Frau zu sein und lerne mich lieben.

Ich sehe mich, kümmere mich um mich und sorge dafür, dass es mir gut geht.

Ich erweitere meinen Blick auf andere Frauen und mache mit Freundinnen vermehrt die Alltagsbewältigung. Wir kümmern uns umeinander und teilen miteinander. Aus Freundinnen werden Lebensgefährtinnen.

Mit anderen Frauen sorge ich für den Zusammenhalt von Gruppen, in denen ich lebe. Wir achten darauf, dass es allen gut geht. Wir fördern Kooperation und soziale Toleranz und lehnen Führung und Aggression ab.

Wir setzen uns für den Schutz von Menschen, Tieren und der Natur ein.

Wir achten auf die Gleichwertigkeit der Menschen.

Ich versuche, von einem Mann materiell unabhängig zu werden, um frei entscheiden zu können, zu welchen Männern ich eine Freundschaft und zu welchen eine Liebesbeziehung eingehe.

6. Zum Abschluss:

Eine Umweltkatastrophe großen Ausmaßes vor 5-6000 Jahren machte die Herrschaft Weniger möglich. Diese Wenigen schafften es durch Gewalt und dem Prinzip „trenne und herrsche", die Erde durch ihre Gier nach materiellen Gütern in 4.500 Jahren in eine komplette Umweltkatastrophe zu verwandeln.

Männer und Frauen lassen sich bis heute zur Gewinnmaximierung von Wenigen benutzen. Dies konnte vor 4.500 Jahren nur mit Gewalt über einen langen Zeitraum durchgesetzt werden. Heute ist die Kontrolle und Manipulation weiterhin möglich durch „Nicht-Wissen" und „keine Zeit haben, weil zu viel gearbeitet wird", – um einen Wohlstand zu finanzieren, den wir nicht bräuchten, wenn wir wieder in kleineren Gemeinschaften leben würden. Mit diesem Wohlstandsstreben und der Art zu leben, wie wir es heute tun, ruinieren wir die Erde.

System-Änderungen:

- Die Reduktion des materiellen Wohlstandes ist nötig und möglich.
- Eine 30-Stunden-Arbeitswoche als Regelarbeitszeit ist genug für alle;
  in Kooperation arbeiten, ohne Konkurrenz; in Bereichen, die ich liebe.
- Die Bildung von frauenzentrierten Lebens- und Wirtschaftsgemeinschaften kann organisiert werden.
- Das Engagement von zigtausenden Jugendlichen und jungen Erwachsenen in „Fridays for Future" sowie von „Scientists for Future" weltweit ist schon da. Dies kann der wunderbare Anfang der Systemänderung sein.

- Frauen verschaffen sich Zugang zu den materiellen Werten der Welt und verteilen sie gerecht, im Kleinen wie im Großen.
- Frauen schaffen in Betrieben, Unternehmen und Institutionen Hierarchien ab und führen Selbstorganisation und das Delegiertenwesen ein. Sie gründen eigene Unternehmen.

202.020 Jahre gibt es uns als Menschen mit der jetzigen Intelligenz.

197.500 Jahre davon haben wir gleichwertig gelebt.

Erst seit 4.500 Jahren gibt es die Herrschaft des Patriarchats in Hierarchien.

Das sind nur 2,25 Prozent der Menschheitsgeschichte.

Das ist genug gewesen. Wann ändern wir es, wenn nicht jetzt?

Karin Werner, Germany 2020

Über **konstruktive Ideen** und **weiterführende Ansätze zur Umsetzung eines neuen Systems zum gelingenden Leben** freue ich mich unter folgender Adresse von Ihnen zu hören.

Undjetzt6@web.de

Ich habe mir immer Fachbücher gewünscht, die kurz sind. Mit meinem Buch hier habe ich es selbst versucht. Wie kann ich ein umfassendes Material so beschreiben, dass das Wesentliche verstanden wird?

Danksagung

Für die Begleitung im Prozess der Buchentstehung möchte ich Sarah Tesmann danken. Viele, teils kontroverse Diskussionen regten mich an, Perspektiven zu erweitern und Dinge in anderem Licht zu sehen. Sie besaß eine endlose Geduld im Lektorat der Buchtexte: Dafür herzlichen Dank.

Danke an Dietlind Wolf, die mir Wege zur graphischen Gestaltung eröffnet und manches Durcheinander in der Planung strukturiert hat.

Danke an Eilika Sinner, die mit einem Feuerwerk an Ideen die Titel mitentwickelte und mich im Marketing-Konzept begleitet hat.

Danke an Susanne Bonin, meine Facility Managerin, die mit ihrer Arbeit die Atmosphäre in meiner Wohnung geschaffen hat, in der ich so gut arbeiten konnte.

Danke an Stefan Hoch, der fröhlich und gelassen die Arbeit am PC vollendet hat.

Und schließlich - danke an viele Frauen, die mich angeregt haben, die entscheidende Frage zu stellen: Und jetzt?

Anmerkungen:

1   Bock, Petra, Mindfuck. Das Coaching. Wie Sie mentale Selbstsabotage überwinden. 2013, S. 260

2   Thunberg, Greta, Rede in Kattowitz bei der 24. UN-Klimakonferenz im Dezember 2018, S. 37 f.

3   Göttner-Abendroth, Heide (2019), Geschichte matriarchaler Gesellschaften und Entstehung des Patriarchats. Band III: Westasien, S. 43

4   S. 45

5   S. 46

6   S. 47

7   S. 52

8   S. 59

9   S. 53

10   S. 57

11   Der Spiegel Nr. 12/16.3.2019, Der Mensch zeigt erstaunlich viele Merkmale, wie sie typisch für Haustiere sind. Spiegel-Gespräch mit Richard Wrangham

12   Wrangham, Richard, Die Zähmung des Menschen. Warum Gewalt uns friedlicher gemacht hat. Eine neue Geschichte der Menschwerdung. S. 22

13   S. 56

14   S. 57

15   S. 58

16   S. 74

17   S. 216

18   Der Spiegel Nr. 12/16.3.2019, Der Mensch zeigt erstaunlich viele Merkmale, wie sie typisch für Haustiere sind. Spiegel-Gespräch mit Richard Wrangham, S. 108

19   Wrangham, Richard, 2019, Die Zähmung des Menschen. Warum Gewalt uns friedlicher gemacht hat. Eine neue Geschichte der Menschwerdung. S. 90

20   S. 91

21   S. 92

22   Ryan, C. /Jetha, C. Sex – Die wahre Geschichte. 2016, S. 198

23   „Welches Geschlecht ist intelligenter?" Institut für Demographie, S. 2

24   S. 3

25   Göttner-Abendroth (2006), Gesellschaft in Balance. Dokumentation des 1. Weltkongresses für Matriarchatsforschung 2003, S. 22

26   Göttner-Abendroth (2019), Geschichte matriarchaler Gesellschaften und Entstehung des Patriarchats. Band III: Westasien, S. 223

27   S. 237

28   S. 241

29   S. 242

30   S. 243

31   S. 244

32   S. 245

33   S. 275

34   S. 283f.

35   S. 287

36   S. 288

37   S. 289

38   S. 292

39   S. 297

40   S. 306

41   S. 307

42   S. 308

43   S. 329 f.

44   S. 329 Anmerkungen

45   Wrangham, R. (2019) Die Zähmung des Menschen. Warum Ge-
        walt uns friedlicher gemacht hat. Eine neue Geschichte der
        Menschwerdung. S. 338

46   S. 344

47   S. 340

48   S. 351

49   S. 362

50   S. 365

51   S. 368

52   S. 374

53   Pinker, Steven, (2013), Gewalt. Eine neue Geschichte der Menschheit. S. 298

54   de.wikipedia.org/wiki/Demokratieindex

55   Shaw, Julia (2018) Böse. Die Psychologie unserer Abgründe. S. 270

56   S. 273

57   www.deutschlandfunkkultur.de/philip-zimbardo-der

58   Shaw, Julia (2018) Böse. Die Psychologie unserer Abgründe. S. 274

59   S. 274f.

60   S. 275

61   S. 276

62   Tazi-Preve, Mariam (2018) Das Versagen der Kleinfamilie. Kapitalismus, Liebe und der Staat. S. 49

63   S. 9

64   S. 16

65   S. 9

66   S. 14

67   Welt am Sonntag, 22. Sept. 2013, S. 63,

Wenn Männer schwach werden.

68   Rosa, Hartmut (2016) Resonanz. Eine Soziologie der Weltbeziehung. S. 44

69   S. 46

70   S. 316

71   S. 762

72   Horx, Matthias (2017) Future Love. Die Zukunft von Liebe, Sex
      und Familie. S. 72f.

73   Wiechmann, Jan Christoph: Brasilien – Wo die Frauen alles be-
      stimmen – Besuch bei einer glückseligen Gemeinschaft,
      www.stern.de/politik/ausland/brasilien-in

74   www.berkemeyer.net/news/gallup-studie/

75   Ryan, C./Jetha, C. (2016) Sex – Die wahre Geschichte. S. 188

Verwendete Literatur:

Bock, Petra   Mindfuck. Das Coaching.

                              Wie Sie mentale Selbstsabotage überwinden.
                              2013 Knaur

Fredrickson, Barbara   Die Macht der guten Gefühle.

                              Wie eine positive Haltung ihr Leben dauerhaft
                              verändert.

                              2011 campus

                              Die Macht der Liebe.

                              Ein neuer Blick auf das größte Gefühl.

                              2013 campus

Göttner-Abendroth,   Gesellschaft in Balance.

Heide (Hrsg.)   Dokumentation des 1. Welt-Kongresses für
                              Matriarchats- Forschung 2003.

                              2006 Edition HAGIA und Verlag W. Kohlhammer

                              Geschichte matriarchaler Gesellschaften und
                              Entstehung des Patriarchats. Band III: West-
                              asien und Europa

                              2019 Kohlhammer

Csikszentmihalyi, Mihaly

Flow. Das Geheimnis des Glücks

1992 Klett-Cotta

Horx, Matthias

Future Love.

Die Zukunft von Liebe, Sex und Familie.

2017 DVA

Hrdy, Sarah Blaffer

Mütter und Andere

Wie die Evolution uns zu sozialen Wesen ge-macht hat.

2010 Berlin Verlag

Pinker, Steven

Gewalt. Eine neue Geschichte der Menschheit.

2013 Fischer

Rosa, Hartmut

Resonanz.

Eine Soziologie der Weltbeziehung.

2016 Suhrkamp

Ryan Christopher & Jetha Cacilda

Sex – Die wahre Geschichte.

2016 Klett-Cotta

Schwarz-Schilling, Marie-Luise	Kampfplatz Liebe. Wie viel Gleichberechtigung verträgt die Partnerschaft? 2016 Books on Demand BoD
Shaw, Julia	Böse Die Psychologie unserer Abgründe. 2018 Hanser
Tazi-Preve, Mariam Irene	Das Versagen der Kleinfamilie Kapitalismus, Liebe und der Staat. 2018 Verlag Barbara Budrich
Thunberg, Greta	Meine Reden zum Klimaschutz. Ich will, dass ihr in Panik geratet! 2019 Fischer
Seligman, Martin	Flourish - Wie Menschen aufblühen Die Positive Psychologie gelingenden Lebens. 2011 Kösel

Wrangham, Richard	Die Zähmung des Menschen. Warum Gewalt uns friedlicher gemacht hat. Eine neue Geschichte der Menschwerdung. 2019 DVA
Zurhorst, Eva-Maria	Soul Sex: Die körperliche Liebe neu entdecken. 2014 arkana

Zur Person:

Karin Werner, geboren 1953, ist Diplom-Pädagogin und Systemische Paar- und Familientherapeutin in Lübeck.

Ihre Berufserfahrung aus den Beratungen im Bereich Aufsuchende Familientherapie, Paarberatung und Coaching sowie ihre persönliche Lebenserfahrung sind Ausgangspunkt der Überlegungen zu den Fragen:

Was braucht der Mensch für ein gelingendes Leben?

Was brauchen Paare und Familien, um gut miteinander leben zu können?

In welchen „sozialen Systemen" haben wir früher gelebt?

Was sagen die Wissenschaftler dazu?

Können wir neue Modelle des Zusammenlebens entwickeln, die auch die Erde retten?

FSC
www.fsc.org

MIX

Papier | Fördert
gute Waldnutzung

FSC® C083411

Zeitfracht Medien GmbH
Ferdinand-Jühlke-Straße 7
99095 Erfurt, Deutschland
produktsicherheit@kolibri360.de